GFG
Gemeinschaft für Frieden und Gerechtigkeit

Der misshandelte Planet

Ursachen der Zerstörung – Befreiung durch Aufklärung und Gesellschaftswandel

Copyright: © 2018: Gemeinschaft für Frieden und Gerechtigkeit
Coverbild: kwest (depositphotos.com)

Verlag und Druck:
tredition GmbH
Halenreie 40-44
22359 Hamburg

Bibliografische Information der Deutschen Nationalbibliothek:
Die Deutsche Nationalbibliothek verzeichnet diese Publikation in der Deutschen Nationalbibliografie; detaillierte bibliografische Daten sind im Internet über http://dnb.d-nb.de abrufbar.

Inhalt

1 Vorwort

Seit der Veröffentlichung unserer Schrift *EXODUS*, in der wir das kapitalistische Ausbeutungssystem in seiner ganzen Rücksichtslosigkeit beschrieben haben, sind mehr als drei Jahre vergangen. Das weltweite Desaster hat sich seitdem noch weiter verschärft: Flüchtlingskrise, Klimakrise, Hungerkrise, Arbeitslosigkeit, Terror durch Anschläge ... Die zunehmenden bewaffneten Konflikte und Kriege, deren Ursachen überwiegend Kämpfe um Ressourcen sind, erweisen sich als deutliche Anzeichen eines sich beschleunigenden Untergangs des Weltwirtschaftssystems. Die Verteilungskämpfe des Großkapitals nehmen immer bedrohlichere Formen an. Bodendegradation, Insektensterben, Übernutzung der Weltmeere und Klimaveränderungen sind die Folgen.

Besonders zu leiden haben weltweit die Schwächsten in den Gesellschaften und die ungeschützte Natur. Täglich verhungern mehr als 30.000 Menschen, davon ca. 24.000 Kinder. Die selektive Berichterstattung unserer Leitmedien informiert nicht über diesen täglichen Massenmord und auch nicht über die Gründe der Übernutzung unserer Lebenswelt. Das SPD-Urgestein und Herausgeber der *NachDenkSeiten* Albrecht Müller wirft den Medien vor, zu Sprachrohren der Mächtigen verkommen zu sein und Unterstützung zu leisten, wenn es etwa um die Legitimation von Sozialabbau geht. Andere Medienkritiker werfen der Presse sogar Propaganda vor und verweisen auf eine Darstellung, die kein Problem damit hat, entgegen journalistischer Standards mit Lügen den Weg in eine Politik zu ebnen, für die Kriege und das Anstacheln von Feindseligkeiten selbstverständlich geworden sind.

Die mangelhafte Berichterstattung erklärt sich durch die offensichtliche Verstrickung von Leitmedien, Politik und Wirtschaft. Die drängendsten Themen unserer Zeit wie die sich verschlimmernde

Schere zwischen Arm und Reich, Hunger, Entwurzelung und Aus-grenzung in einer demoralisierten Welt werden dagegen weder von der Politik noch von der *Freien Presse* thematisiert. Man stelle sich nur vor, unsere Leitmedien würden jeden Tag über das Elend der Verhungernden berichten und ständig aktuelle Bilder veröffentli-chen. Was würden wohl die Politiker dazu sagen? Welche Antwor-ten hätten sie auf die drängendsten Fragen?

- Weshalb müssen unzählige Menschen an Nahrungsmangel ster-ben und warum ist jeder achte Mensch auf unserem Planeten, also fast eine Milliarde Menschen chronisch unterernährt?
- Warum kann der Einzelne sich und seine Familie nicht durch seine Arbeit ernähren?
- Warum haben so viele Menschen keine Arbeit?
- Weshalb überlässt man es der *Freien Marktwirtschaft*, die Men-schen in Arbeitsprozesse einzugliedern oder sie auszusortieren?
- Welche Gründe gibt es für diese Mängel und warum ändern wir das nicht?

Es ist zu vermuten, dass die Mächtigen dieser Welt prinzipiell die kritische Auseinandersetzung deshalb scheuen, weil dann innerhalb kurzer Zeit die Systemfrage gestellt werden würde oder der Druck der Bevölkerungen so stark wäre, dass die aktuelle Ordnung gefähr-det würde.

Wir fühlen uns aber verpflichtet, zu fragen, und wir wollen Antwor-ten! Haben etwa die furchtbaren Berichte aus aller Welt über Hun-ger, Krieg, Flucht, Vertreibung und Überbevölkerung eine gemein-same Ursache?

Unserer Meinung nach sind die hauptsächlichen Gründe, die die negativen Entwicklungen innerhalb der Gesellschaften ermöglich-ten und immer noch ermöglichen, das Eigentums- und Kriegsvöl-kerrecht. Gegen Ende 2017 lebten ca. 7,6 Milliarden Menschen auf unserer Erde[1]. Bei allen Unterschieden der Völker und Individuen ist ihnen eines gemeinsam: Zum Existieren benötigt jeder Mensch Trinkwasser, Unterkunft und Nahrung. Der Zugang zu diesen existenziellen Lebensvoraussetzungen ist durch die Geografie, die kulturelle Zugehörigkeit sowie die politische und wirtschaftliche Struktur geprägt. Es gibt hunderte Millionen Menschen, die in den modernen Industriestaaten im absoluten Überfluss leben, im krassen Gegensatz dazu vegetieren Tausende Familien in Südostasien auf Müllbergen dahin. Sie wohnen auf Abfällen und ernähren sich mit ihren Kindern von dem, was andere wegwerfen.

Das Wachstum der Menschheit und damit eine drohende Überbevölkerung (Studien sprechen von bis zu 13 Milliarden Menschen bis zum Jahr 2100) wurde bisher von der Völkergemeinschaft nicht thematisiert. Die Nahrungsproblematik der Menschen wird sich weiter verschärfen und steht in engem Zusammenhang mit dem erbarmungslosen Antreiben des weltweiten Raubtierkapitalismus.

- Durch Nahrungsmangel verhungern jedes Jahr Hunderte Millionen Menschen, vor allem Kinder. Wie konnte es zu dieser Entwicklung kommen?
- Wer ist für diese Verbrechen gegen die Menschlichkeit, für den tagtäglich stattfindenden Massenmord verantwortlich?
- Welche Rolle übernimmt dabei das weltweite Recht auf Eigentum? Welche Rolle spielt das Kriegsvölkerrecht?
- Welche unheilvollen Wechselbeziehungen gibt es?
- Ist das Eigentumsrecht der Nationen, das jeden Bürger bindet, die Ursache für Ungerechtigkeiten, für Kriege um Land und Ressourcen, für Hunger und Vertreibung?

Wir beabsichtigen, mit dieser Schrift die Hintergründe und Wechselbeziehungen der genannten Punkte aufzudecken. Unsere Intention ist es, die Wahrheit über die Gründe der zunehmenden Konflik-te und Umbrüche zu verbreiten. Damit wollen wir die Initiativen zum unvermeidlichen Umbau des weltweiten Wirtschafts- und Politiksystems unterstützen und forcieren. Darüber hinaus werden wir den genannten Fragen nachgehen und über das Wesen des Hungers und des Nahrungsmangels aufklären sowie vor allem die systemischen Zusammenhänge verdeutlichen.

Im Ergebnis werden wir die Ursachen identifizieren und die Verantwortlichen der weltweiten Tragödien benennen. Wir werden aber auch Wege aufzeigen, die es der Menschheit ermöglichen, für jeden Einzelnen ein selbstbestimmtes Leben ohne Hunger und Leid zu erreichen. Ein Leben, das sich der Sinnhaftigkeit der eigenen Existenz und aller Lebewesen bewusst ist. Das ist eng verbunden mit den Fragen *Woher kommen wir? Wohin gehen wir? Warum sind wir hier auf Erden?* und *Wie sollen wir leben, um unseren Daseinszweck zu erfüllen?*

GFG
Gemeinschft für Frieden und Gerechtigkeit
www.gfg.fm

2 Ernährung als Grundlage des Lebens

Die Welt hat genug für jedermanns Bedürfnisse, aber nicht für jedermanns Gier.

Mahatma Gandhi

Wenn wir über Nahrung als Lebensgrundlage für den Menschen nachdenken, kommen uns pflanzliche sowie tierische Nahrungsmittel und Trinkwasser in den Sinn. Dass uns nur ein weltweit intakter Lebenskreislauf diese Grundlage ermöglicht, erscheint im täglichen Lebensdrang eher sekundär. Um ein besseres Verständnis für den *Lebenskreislauf*, vom Werden und Vergehen allen Lebens zu bekommen, sei uns eine kleine Exkursion in die Naturwissenschaft des Lebens, die Biologie gestattet.

Die nachfolgenden allgemeinen Erkenntnisse treten durch unsere tägliche Lebensweise, die der Kapitalismus von den reichsten bis zu den ärmsten Menschen bewirkt, fast ausnahmslos in den Hintergrund.

2.1 Lebensraum – Mutterboden und Meere

Der Boden ist Lebensraum für Menschen, Tiere und Pflanzen. Aus der Sicht des Menschen kommen ihm grundlegende Funktionen zu. Als Standort für höhere Pflanzen bildet er die Bedingung für pflanzliche Primärproduktion durch Fotosynthese und schafft den Ausgangspunkt für die Nahrungskette. Er ist damit Lebensgrundlage für alle Lebewesen auf der Erde und unverzichtbare Basis der Ernährung. Darüber hinaus erfüllt der Boden Funktionen, die für die Existenz menschlicher Gesellschaften essenziell sind, z. B. bei der

11

Trinkwasserversorgung. Schließlich verdeutlichen auch Bezeichnungen wie *Mutterboden* oder *Mutter Erde* die existenzielle Bedeutung des Bodens und fordern einen entsprechend respektvollen Umgang mit diesem Leben spendenden Medium.

Da der Boden eine wesentliche Grundlage für menschliches Leben und gesellschaftliche Entwicklung darstellt, gefährdet die weltweit fortschreitende Bodenzerstörung die Existenz menschlicher Individuen und Gesellschaften. Deshalb bedarf es intensiver und nachhaltig wirksamer Schutzmaßnahmen.

Die Weltmeere bilden die Voraussetzung jeglicher Existenz und sind die wichtigste Ressource. Sie sind der Ursprung allen Lebens auf der Erde. Etwa 70 Prozent der Erdoberfläche sind von den Weltmeeren bedeckt. Auf dem Festland bildet der Mutterboden die Lebensgrundlage, in den Meeren ist es das Plankton, pflanzliche und tierische Kleinstlebewesen, deren Biomasse ca. 98 Prozent der gesamten Meereslebewesen ausmacht. Das Plankton ist als Nahrungsquelle von enormer Bedeutung für das Leben im Meer. Phytoplankton, Algen und Cyanobakterien nehmen im Wasser gelöste Nährstoffe auf, wachsen und pflanzen sich fort. Dadurch wird im Meer die Biomasse produziert, von der sich Zooplanktonorganismen wie Kleinkrebse und Fischlarven ernähren. Das Zooplankton wiederum wird von Fischen und ihren Larven gefressen. Das Plankton spielt somit in den biochemischen Kreisläufen der Ozeane eine große Rolle.

2.2 Erdatmosphäre und Magnetfeld

Vom Weltraum aus betrachtet erscheint die Erde blau mit eingesprengten weißen Feldern, den Wolken. Die schützende Atmosphäre ist hauchdünn im Vergleich zum Durchmesser der Erde. Die blaue

Farbe entsteht durch die die Erde umhüllende Gasschicht, die Luft. In der Lufthülle wird das kurzwelligere blaue Sonnenlicht stark in alle Richtungen gestreut, während das langwelligere rote Licht weitgehend die Atmosphäre durchdringen kann. Diese ist für die Existenz von Leben auf der Erde von entscheidender Bedeutung, denn in ihr spielen sich die physikalischen Prozesse ab, die u. a. das Wettergeschehen bestimmen. Darüber hinaus ist sie Teil lebenswichtiger Kreisläufe.

Die Atmosphäre hat unter anderem die nachfolgenden lebenswichtigen Funktionen:

- Sie schützt die Lebewesen vor schädlicher bzw. tödlicher Strahlung aus dem Weltraum (Filter für UV- und Röntgenstrahlung der Sonne).
- Lebensnotwendiges Sonnenlicht wird zu den Oberflächen der Kontinente und Ozeane durchgelassen (Energiequelle).
- Schnelle Auskühlung und Überhitzung wird verhindert (z. B. Wärmeausgleich zwischen Tag und Tag).
- Es wird eine durchschnittliche Oberflächentemperatur der Erde von ca. +15 °C gegenüber sonst ca. -18 °C, ermöglicht.
- Energie wird (als fühlbare Wärme der Luft und latente Wärme des Wasserdampfs) aus Bereichen in Äquatornähe zu mittleren und höheren Breiten transportiert.
- Die Atmosphäre ermöglicht den Transport und die Verteilung von Wasserdampf durch die dynamischen Prozesse der allgemeinen Zirkulation, wodurch die Niederschlagsverteilung bestimmt wird.
- Die Atmosphäre bildet den Hauptspeicher für Stickstoff.

Das Magnetfeld der Erde wirkt wie ein Schutzschild gegen kosmische Strahlung. Würde es schwächer werden, wären die Erde und seine Bewohner der hochenergetischen Strahlung (Röntgen- und

Gammastrahlen) aus dem All, verursacht überwiegend durch Sonneneruptionen, ausgeliefert. Ähnlich wie hoch dosierte Röntgenstrahlung schädigt kosmische Strahlung die Zellen. Das Erdmagnetfeld ist also die Bedingung dafür, dass auf unserem Planeten Leben entstehen konnte.

2.3   Fotosynthese

Die Fotosynthese ist Grundlage allen irdischen Lebens. Ob in Parks und Gärten, Wiesen und Wäldern, Ozeanen, Flüssen, Bächen und Tümpeln, im Häusermeer der Großstadt oder in der Steinwüste des Hochgebirges: Pflanzen begegnen uns überall. Lebensnotwendig sind sie als Nahrungs- und Sauerstofflieferanten, und zwar für Mensch und Tier, denn ohne Pflanzen und ihre grünen Blätter wäre auf der Erde kein Leben möglich.

Was macht Pflanzen so unentbehrlich?
Es ist ihre Fähigkeit, die Sonnenenergie für den Aufbau von energiereichen Kohlenhydraten zu nutzen, die ihren Stoffwechsel in Gang halten. Und da die Pflanzen am Beginn der Nahrungskette stehen, profitieren alle anderen Lebewesen ebenfalls von dieser unerschöpflichen Energiequelle.
Auch den bei dem Prozess der Fotosynthese frei werdenden Sauerstoff benötigen Mensch und Tier, um die mit der Nahrung aufgenommenen Nährstoffe verfügbar zu machen.

Wie dienen Pflanzen als Sauerstofflieferanten?
Um ihren Organismus aufrechterhalten zu können, brauchen Mensch und Tier bestimmte Stoffe. Durch regelmäßige Nahrungsaufnahme nehmen wir Kohlenhydrate, Fette, Eiweiße und Vitamine

auf und generieren somit Energie. Außerdem ist es notwendig, dass unser Körper regelmäßig mit Sauerstoff versorgt wird. Durch die Atmung nimmt er Sauerstoff aus der Luft auf und gibt Kohlendioxid ab. Ohne Sauerstoff könnten wir nicht überleben. Alle arbeitenden Systeme in unserem Körper würden ausfallen und unser Herz würde aufhören zu schlagen.

Um Sauerstoff zu produzieren, brauchen Pflanzen Licht, denn das ist die Voraussetzung dafür, dass sie die für ihr Wachstum benötigten Stoffe aufbauen können. Dieser Vorgang wird als *Fotosynthese* (wörtlich etwa *Aufbau durch Licht*) bezeichnet. Nur grüne Pflanzen können Fotosynthese betreiben, weil nur ihre Zellen den grünen Blattfarbstoff *Chlorophyll* enthalten. Mit seiner Hilfe wird aus Wasser (das aus dem Boden entnommen wird) und Kohlendioxid (das aus der Luft in das Blattgewebe gelangt) unter Anwesenheit von Sonnenlicht energiereicher Traubenzucker (Glucose) hergestellt; dabei werden Wasser und Sauerstoff freigesetzt, der an die Luft abgegeben wird.

Damit ist die Fotosynthese von entscheidender Bedeutung für den Erhalt des Sauerstoffanteils in der Erdatmosphäre. Glucose wiederum wird in andere Stoffe wie beispielsweise Stärke umgewandelt, die als Speicherstoff zum Aufbau des Pflanzenkörpers und für dessen Lebensvorgänge benötigt wird.

Wie dient die Fotosynthese als Nahrungsgrundlage für Mensch und Tier?

Pflanzen sind in der Lage, aus anorganischen Stoffen jene organischen Stoffe herzustellen, die sie zum Leben brauchen, sie werden deshalb auch als *autotroph* (sich selbst ernährend) bezeichnet. Tiere und Menschen dagegen müssen organische Substanzen, also Pflanzen oder Tiere, mit der Nahrung aufnehmen, um ihren Stoffwechsel in Gang zu halten. Sie sind *heterotroph* (sich von anderen ernährend) und damit von der Stoffproduktion der grünen Pflanzen abhängig:

Indem wir Pflanzen z. B. in Form von Gemüse essen, nehmen wir Kohlenhydrate auf, aus denen wir Energie für unseren Bau- und Betriebsstoffwechsel gewinnen. Die von den Pflanzen produzierten energiereichen Verbindungen verbrennen wir in einem Prozess, der als *Zellatmung* (Dissimilation) bezeichnet wird. Diese Verbrennung kann nur durch die Aufnahme von Sauerstoff erfolgen.

Wie hat die Fotosynthese die Erde für Mensch und Tier bewohnbar gemacht?

Blaualgen, auch *Cyanobakterien* genannt, entwickelten vor etwa vier Milliarden Jahren die autotrophe Lebensweise. Der bei der Fotosynthese freigesetzte Sauerstoff wurde von im Meerwasser gelösten Eisenverbindungen gebunden und gelangte nicht in die Atmosphäre. Eine Verbrennung von Kohlenhydraten und eine direkte Rückverwandlung in Kohlendioxid waren damals nicht möglich, da es zu dieser Zeit kaum Sauerstoff in der Luft gab. Es wurde also ständig Kohlendioxid verbraucht, aber nicht erneuert. Dies hatte zur Folge, dass der Kohlendioxidgehalt der Atmosphäre abnahm und die Erde sich abkühlte. Das Wasser verdampfte daher nicht in den Weltraum.

Erst nachdem sich die Blaualgen vor circa 2,3 Milliarden Jahren auch auf dem Land verbreiteten, konnte der von ihnen freigesetzte Sauerstoff in die Atmosphäre gelangen. Vor 1,5 Milliarden Jahren erreichte der Sauerstoffgehalt der Atmosphäre ein Niveau von einem Prozent und ermöglichte somit die direkte Verbrennung von Kohlenhydraten. Dies ermöglichte die Entstehung neuer größerer Mikroorganismen mit einem Zellkern.

Vor etwa 600 Millionen Jahren ermöglichte die zunehmende Sauerstoffkonzentration schließlich die Existenz vielzelliger Lebewesen.

Der heutige Sauerstoffgehalt der Atmosphäre (21 %) beruht allein auf der Sauerstofffreisetzung der Pflanzen, ohne die ein Leben für Tiere und Menschen auf der Erde unmöglich wäre.[1]

2.4 Ökologische Kreisläufe

Das Leben über einen Zeitraum von ca. 3,5 Milliarden Jahren unterliegt hochkomplexen biochemischen Prozessen. Die vielfältigen Formen der Nahrungsaufnahme zum Lebenserhalt, die Stoffwechselprozesse, die Fähigkeit zur erfolgreichen Fortpflanzung haben über Abermillionen Generationen in der Tier-und Pflanzenwelt zu der heutigen Biodiversität, der Artenvielfalt beigetragen. Die Anzahl der Spezies ist nicht genau bekannt, wird aber von Wissenschaftlern auf bis zu 100 Millionen geschätzt. Die Säugetierarten machen davon weniger als ein Prozent aus.

All diese Lebewesen existieren in einem verbundenen System. Diese sogenannten *Ökosysteme* sind offene Systeme mit Zu- und Abfuhr von Energie und Stoffen. Alle Individuen sind darin über Nahrungsketten miteinander verknüpft. Über diese werden die Nährstoffe und die Energie weitergegeben. Die Nährstoffe fließen dabei im Kreis bzw. werden wieder in den Kreislauf gebracht.

Die Energie dagegen wird durchgesetzt. Bei ihrer Weitergabe durch die Lebewesen geht ständig Energie als Wärme verloren. Diese muss durch Sonnenenergie ersetzt werden. In Ökosystemen ergänzen sich die Lebewesen als Produzenten, Konsumenten und Destruenten (Zersetzter).

Produzenten sind alle Grünpflanzen. Sie binden durch die Fotosynthese etwa ein Prozent der einfallenden Sonnenenergie in Molekülen als Energievorrat und Baustoffe. Konsumenten sind Lebewesen, die energetisch von den Produzenten abhängen. Sie verwerten durch

Nahrungsaufnahme direkt als Pflanzenfresser oder indirekt als Fleischfresser ein bis zehn Prozent der durch die Produzenten gebundenen Sonnenenergie.

Innerhalb von Nahrungsketten wird Energie stufenweise an die Konsumenten weitergegeben. Tote organische Rückstände (Pflanzenreste, Kadaver, Exkremente) der Produzenten und Konsumenten werden durch Destruenten zu anorganischen Stoffen (z. B. Kohlendioxid, Wasser, Stickstoffsalze) abgebaut und damit dem Nährstoffkreislauf des Ökosystems wieder zur Verfügung gestellt. Destruenten sind die Bodenorganismen (Bakterien, Pilze und Kleinsttiere).

Da an den Nährstoffkreisläufen in Ökosystemen sowohl belebte als auch unbelebte Komponenten beteiligt sind, werden sie auch als *biogeochemische Stoffkreisläufe* bezeichnet. Diese bestehen aus mehreren Teilkreisläufen, z. B. einem Kreislauf im Wasser, in der Luft, im Boden oder in einem Lebewesen.

Wir wollen mit diesem kleinen Streifzug die allgemein bekannten Zusammenhänge des Lebenszyklus unserer Erde bewusst machen. Vergegenwärtigen wir uns, dass das heutige globale Ökosystem mit seiner Artenvielfalt das Ergebnis eines Evolutionsprozesses ist, den unser Planet seit Hunderten Millionen Jahren ermöglicht hat.
Seit Beginn der sogenannten *Industriellen Revolution* hat der Einfluss der Menschheit auf dieses fragile Erdsystem verheerende klimatische, ökologische und ökonomische Folgen. Vergegenwärtigen wir uns auch, dass diese Einflussnahme erst vor ca. 250 Jahren begann und dass wir in diesem Zeitraum das größte Artensterben in der Geschichte unseres Planeten verursacht haben.
Die Folgen menschlichen Einwirkens auf nahezu sämtliche ökologische Lebensprozesse sind dramatisch. In dieser Epoche hat sich die Menschheit innerhalb von 200 Jahren auf zurzeit etwa 7,7 Milliarden mehr als versiebenfacht. Der in dieser Ära entstan-

dene Kapitalismus und sein Wirtschaften führten zu einem exzessiven Verbrauch der Ressourcen, zu einem aberwitzigen Überfluss in den Industrieländern bei gleichzeitiger Verarmung, Perspektivlosigkeit sowie Hunger und frühem Tod von Hunderten Millionen Menschen.

Den Fragen bezüglich der physiologischen Zusammenhänge des Nahrungsnetzes, wie sich die Menschen ernährten und ernähren, über die heutige Qualität der Nahrung und unter welchen Bedingungen die Menschen sich Nahrung beschaffen, gehen wir im folgenden Kapitel nach. Außerdem soll die umfassende Beeinträchtigung der ökologischen Kreisläufe bei der Produktion der Nahrungsmittel durch die Lebensmittelindustrie verdeutlicht werden.

3   Nahrung und Nahrungsbeschaffung

Der Mensch ist ein besonderer Hominid. Er geht auf zwei Beinen und hat im Verhältnis zu seiner Größe und seinem Gewicht ein einzigartiges Gehirn, was Größe und Komplexität betrifft. Mit dieser Ausstattung hat er jeden Winkel unserer Welt erobert.

Anthropologen versuchen seit Langem zu verstehen, weshalb sich die Linie der Hominiden so grundlegend von der der sonstigen Primaten abhebt. Zunehmend sind die Wissenschaftler davon überzeugt, dass die Nahrung während der menschlichen Evolution einen beträchtlichen Einfluss ausübte. In der Vorzeit bewirkte die natürliche Selektion offenbar, dass unsere Vorfahren sich mit immer weniger Aufwand immer hochwertigere energiehaltige Nahrung beschaffen konnten. Ausschlaggebend dafür war die ständige Veränderung des Essbaren während ihrer Evolution. Der Mensch unterscheidet sich also hinsichtlich seiner Nahrung von allen anderen Primaten. Im Vergleich ist unsere Kost wesentlich gehaltvoller an Energie liefernden Nährstoffen, an Kohlenhydraten, Proteinen und Fetten. Das gilt für die unterschiedlichsten Ernährungsgewohnheiten der weltweiten menschlichen Kulturen: für Bevölkerungen, die fast ausschließlich von Pflanzenkost leben, wie für solche mit überwiegendem Fleischkonsum.

Welche Gründe gibt es für diesen Sonderweg? Um eine Erklärung zu finden und entscheiden zu können, ob unsere heutigen Ernährungsgewohnheiten *die Richtigen* sind, ist die Abweichung des Speiseplans von dem der Menschen früherer Zeiten von besonderem Interesse.

Schon seit langem beschäftigen sich Ernährungsforscher mit dieser Frage. Der Radiologe S. Boyd Eaton, einer der Begründer des Konzepts der paläolithischen Ernährung, veröffentlichte gemeinsam mit dem Anthropologen Melvin Konner 1985 im *New England Journal of Medicine* einen Artikel über Ernährung in der Altsteinzeit. Sie behaupteten, Zivilisationskrankheiten wie Fettsucht, Bluthochdruck, Arteriosklerose oder Diabetes würden deswegen überhandnehmen, weil die Menschen heutzutage nicht mehr das Gleiche essen wie die Jäger und Sammler des Paläolithikums. An diese Kost seien wir schließlich durch die Evolution angepasst. Neuerdings sehen Wissenschaftler das differenzierter. Studien zufolge, in denen die Ernährung von Menschen traditioneller Kulturen mit der von tierischen Primaten verglichen wurde zeigen, wie wir bei recht unterschiedlichen Speisezetteln gesund leben können. In seiner Evolution hat sich der Mensch also keineswegs fest darauf eingestellt, sich genauso ernähren zu müssen wie in der Steinzeit.

Das Erstaunliche am Menschen ist gerade die Vielfalt und Verschiedenartigkeit der Ernährung. Er kann sich nahezu in fast jedem Ökosystem behaupten. Die Bewohner arktischer Lebensräume ernährten sich fast ausschließlich von tierischer Nahrung, im Gegensatz dazu lebten die Menschen im Hochgebirge überwiegend von pflanzlicher Kost, wie Knollen und Getreide. Im Laufe der menschlichen Evolution fanden unserer Vorfahren verschiedenartige Möglichkeiten unsere notwendigen Stoffwechselbedürfnisse zu erreichen.

Für die heutigen Menschen, vorwiegend in den Industriestaaten, besteht die Herausforderung nicht mehr darin, sich die notwendige Nahrung zu beschaffen, sondern nicht mehr zu essen, als wir verbrennen.

Bislang hieß es von den Forschern ziemlich unpräzise, dass auf der Erde zwischen drei und hundert Millionen Tier- und Pflanzenarten leben. Durch eine neue Methode haben Wissenschaftler nun eine sehr viel genauere Zahl ermittelt: 8,7 Millionen Arten – plusminus 1,3 Millionen. Davon sollen etwa 6,5 Millionen an Land und 2,3 Millionen im Wasser leben. Geschätzte 86 Prozent der Land- und ganze 91 Prozent der Meereslebewesen sind noch gar nicht entdeckt oder gar beschrieben worden.

Eines dieser ca. acht Millionen Lebewesen ist der Mensch. Gemeinsam mit allen Arten hat er seinen Platz in der sogenannten Nahrungskette. Fressen und gefressen werden zum Zweck der Energiegewinnung. Dieser Lebenskreislauf, der die Energieflüsse aller Arten ermöglicht, wird durch unsere Hauptenergiequelle realisiert, die Sonnenstrahlung. Sie erwärmt die Erde auf lebensfreundliche Temperaturen, treibt Winde und den Wasserkreislauf an und ist die wichtigste Energiequelle für das Leben. Einige Bakterien nutzen auch chemische Energie, *vertilgen* also Mineralien oder Gase. Sie werden *chemotroph* (chemisch ernährend) genannt, aber für den Energiehaushalt des Lebens sind sie eher unbedeutend.

Forschungen belegen, dass es seit mindestens 3,4 Milliarden Jahren Leben auf der Erde gibt. Für die Entwicklung höheren Lebens bedurfte es der wichtigsten Reaktion der Welt: der Fotosynthese.
Die Formel der Fotosynthese scheint einfach: Aus je sechs Molekülen Kohlendioxid und Wasser wird mithilfe von Sonnenlicht ein Zuckermolekül aufgebaut, dabei werden sechs Moleküle Sauerstoff freigesetzt. In Wirklichkeit ist die Reaktion viel komplexer. Für ihre Erforschung bekam der amerikanische Chemiker Melvin Calvin im Jahr 1961 den Nobelpreis.

Die Grundlage der menschlichen Nahrung
Die 225 bis 245 Milliarden Tonnen organischen Materials oder Biomasse, die durch Fotosynthese jedes Jahr auf dem Festland und im Meer produziert werden, sind die Grundlage allen Lebens, auch aller menschlichen Nahrung. Sie stellen sozusagen den Ertrag der produzierenden Ökosysteme dar.
Diese Produktion ist sehr ungleich über die verschiedenen Ökosysteme verteilt. Am besten wachsen Pflanzen dort, wo es warm und feucht ist. Die produktivsten natürlichen Lebensräume sind daher

Feuchtgebiete und Regenwälder, während etwa die arktische Tundra gerade ein Viertelprozent zur weltweiten Produktion von Biomasse beiträgt. In den Meeren ist die Produktivität in den nährstoffreichen Flussmündungen, auf dem Kontinentalschelf sowie dort am höchsten, wo nährstoffreiches Tiefenwasser aufsteigt. Am produktivsten ist jedoch intensiv bewirtschaftetes Ackerland. Wir Menschen nutzten auf dem Festland inzwischen über 40 Prozent der gesamten Biomasseproduktion für uns und fast ebenso viel aus den sogenannten *produktiven Meeresgebieten*. Ein Wert, der eindrucksvoll zeigt, wie stark der unheilvolle Einfluss des Menschen auf das Ökosystem der Erde insgesamt ist.

Der Energiefluss zu Nahrungsketten und -kreisläufen
Den Nährstoffkreislauf verschiedener Organismen wie Pilzen, Tieren und Pflanzen haben wir bereits beschrieben. Die globalen Stoffkreisläufe, die das organische Material bilden, sind oftmals viel größer, als sich die meisten von uns vorstellen können. Z. B. werden in den Wüsten bei Sandstürmen kleine Staubpartikel hoch in die Atmosphäre verfrachtet und über Tausende von Kilometern transportiert, jedes Jahr etwa zwei Milliarden Tonnen. Dadurch wird etwa der tropische Regenwald des Amazonasgebietes mit Mineralstaub aus der Sahara gedüngt; in die Meere gelangender Staub lindert den dort herrschenden Eisenmangel und fördert so das Wachstum des Phytoplanktons. Alle Stufen der Nahrungskette nutzen wieder einen großen Teil der Energie für ihren eigenen Energiestoffwechsel und wandeln ihn somit letztendlich in Wärme um. Nur ein Anteil von 5 bis 20 Prozent steht für den Aufbau von Strukturen zur Verfügung.
Dadurch nimmt der Energiegehalt und somit der Anteil an organischer Masse von Stufe zu Stufe der Nahrungskette ab. An der Spitze der Nahrungskette steht nur noch ein Bruchteil der Energie zur Ver-

fügung. Typischerweise machen Pflanzen als Produzenten den Großteil der Biomasse eines Ökosystems aus und Pflanzenfresser sind zahlreicher als Fleischfresser – wie etwa an den großen Herden von Weidetieren in Ostafrika und der vergleichsweise kleinen Zahl von Raubkatzen dort sehr deutlich wird.

Zum besseren Verständnis haben wir am Anfang dieses Kapitels den Exkurs in das globale Ökosystem gewählt, um nachfolgend die Möglichkeiten der Nahrungsbeschaffung des Menschen in der heutigen Welt sowie die Qualität der Nahrungsmittel und ihre Erzeugung zu verdeutlichen.

Globale Landwirtschaft

Der *Weltagrarbericht*[2] klärt seit 2008 fundiert über den Zustand der Welternährung der Menschheit auf. In seiner Ausgabe von 2017 berichtet er über die Arbeit von mehr als 400 Wissenschaftlerinnen und Wissenschaftlern, die im Auftrag der Vereinten Nationen den Stand des Wissens über die globale Landwirtschaft sowie ihre Geschichte und Zukunft zusammenfassten. Dieser Bericht ist alarmierend und führt unter anderem folgende Untersuchungsergebnisse bzw. Forderungen auf:

- industrielle Ernährungssysteme schaden Gesundheit und Umwelt,
- die Zahl der weltweit Hungernden steigt auf 815 Millionen Menschen,
- die Forscher warnen vor *ökologischem Armageddon* durch das Insektensterben,
- fordern die Stärkung der Kleinbauern bei gleichzeitiger Begrenzung der Macht der Konzerne,
- die Senkung des Fleischkonsums sowie des Antibiotikaeinsatzes in der Nutztierhaltung,

- die Reform des Ernährungssystems als Ausweg aus der Hunger-krise und
- das Stoppen der Bodendegradation durch die Abkehr von intensiver Landwirtschaft.

Der Bericht fordert insbesondere eine Ausdehnung der ökologischen Landwirtschaft bzw. agrarökologischer Methoden und der Förderung von Kleinbauern. *Grüne Gentechnik*, Agrochemie und Patente auf Saatgut werden kritisch hinterfragt.

Auch die *FAO* (Welternährungsorganisation der *UNO*) erklärt nach einer Analyse, dass die Kleinbauern das Rückgrat der Welternährung seien. Die *Vereinten Nationen* wollen die Stärkung der Kleinbauern stärker als bisher fördern und forcieren. Die weltweite Ernährungssicherheit und ökologische Nachhaltigkeit hängen ganz entscheidend von den kleinbäuerlichen Familienbetrieben ab, die in den meisten Ländern die Stütze der Landwirtschaft bilden. Das ist die Kernaussage des Berichts der *FAO* am Welternährungstag 2014[3]. Diesem zufolge sind (…) *90 % der weltweit 570 Millionen Höfe Familienbetriebe und damit das vorherrschende Modell der Landwirtschaft. Sie produzieren 80 % aller weltweit konsumierten Lebensmittel. Die große Mehrheit der Höfe ist klein: 72 % der Familienbetriebe verfügen über weniger als einen Hektar Land, insgesamt kontrollieren sie jedoch nur 8 % der landwirtschaftlichen Nutzfläche weltweit. Weitere 12 % bearbeiten zwischen einem und zwei Hektar Land, global betrachtet aber nur 4 % der Agrarfläche. (…)* Die hauptsächlich zur Verfügung stehenden Agrarflächen der Erde werden von Großbetrieben bewirtschaftet, die vor allem den marktwirtschaftlichen Regeln folgen. Hier stehen nicht Mensch und die Natur im Mittelpunkt, sondern die Mehrung des Kapitals.

Beispielhaft titelte *Oxfam* Deutschland:[4] *Biosprit-Lobbyisten beein-flussen EU-Politik – mit fatalen Folgen.* Dem Bericht zufolge fördert die Politik der *Europäischen Union* den sogenannten *Biosprit* und ist damit mitverantwortlich für Armut, Hunger und Umweltzerstörung. Um Kraftstoffpflanzen, z. B. Palmöl anzubauen, werden Menschen von ihrem Land vertrieben und riesige Waldgebiete, vor allem in Indonesien und Malaysia, gerodet und niedergebrannt. Laut *Oxfam* versucht die Industrie, Reformen der Bioenergie-Politik zu verhindern, und setzt dafür in Brüssel rund 400 Lobbyisten ein. Auch an diesem Beispiel zeigt sich, wozu Volksvertreter fähig sind, die eindeutig gegen die Interessen der Menschen handeln. Diese Politiker werden weder angeklagt noch müssen sie sich vor einem Gericht für ihr Tun verantworten. Diese Art der Kapitalmehrung hat einen fatalen Einfluss auf den Hunger in der Welt und auf die Nahrungsmittelproduktion.

Es ist unstrittig, dass die derzeitigen Bedingungen des Weltmarktes für Agrarprodukte nicht der Grundversorgung mit gesunden Lebensmitteln und deren nachhaltiger Produktion dienen. Dazu müssten sie dem Weltagrarbericht zufolge radikal verändert werden. Für die Landwirtschaftspolitik der Industrienationen und auch für die private und öffentliche Forschung waren Subsistenz- und Kleinbauern jahrzehntelang nur unterentwickelte *Auslaufmodelle* einer vorindustriellen Wirtschaftsweise. *Wachse oder weiche!* lautete mit wenigen Ausnahmen seit über 50 Jahren das kapitalistische wie sozialistische Fortschritts-Credo. Nur größere wirtschaftliche Einheiten seien imstande, durch moderne und rationalisierte Anbaumethoden und erhöhten Chemikalien- und Maschineneinsatz die erforderliche globale Produktionssteigerung zu erbringen.

Die Wahrheit ist eine andere. Wie zuvor beschrieben, ernähren Kleinbauern zu ca. 80 Prozent die Menschheit. Fakt ist aber auch, dass gerade durch das unheilvolle Wirken der auf maximalen Profit ausgerichteten industriellen Landwirtschaft aktuell ca. 815 Millionen Menschen auf diesem Planeten hungern, während 1,9 Milliarden an Übergewicht und krankmachender Fettleibigkeit leiden.[5] Der Hunger könnte besiegt werden, denn es wurden 2016 weltweit 2,5 Milliarden Tonnen Getreide geerntet, mehr als je zuvor. Aber nur 43 Prozent des Getreides diente als Lebensmittel – die überwiegende Menge wurde zu Tierfutter, Kraftstoff und Industrierohstoffen verarbeitet.

Unser weltweites Ernährungssystem ist eine der wichtigsten Ursachen für Klimawandel, Artensterben, Umweltverschmutzung, Wasserknappheit, vermeidbare Krankheiten, Kinderarbeit, Armut und Ungerechtigkeit. Weltweit führt das folgenschwere Wirtschaften der Agrarkonzerne zu Hunger und Massensterben. Dieses System ist krank und eine Folge der Freien Marktwirtschaft, angetrieben von einem neokapitalistischen System, das den Interessen der Machteliten aus Wirtschaft und Politik folgt.

Der Einsatz von Pestiziden, die Vergiftung des Grundwassers durch Überdüngung des Bodens mit Gülle, das durch den Einsatz von Antibiotika in der Massentierhaltung mit resistenten Keimen belastete Fleisch sind eine weltweite Katastrophe für das gesamte Ökosystem. Auch diese Beispiele verdeutlichen, dass die Macht der dafür verantwortlichen Konzerne und ihrer Protagonisten anscheinend so absolut ist, dass sie die Menschheit und die gesamte Natur für ihre Zwecke benutzen und mit Krankheiten und millionenfachem Tod überziehen können, ohne das dem grundlegend Einhalt geboten wird.

Nun zur Qualität der von der Lebensmittelindustrie produzierten Nahrungsmittel: Sie lässt sich beispielhaft durch die Verfettung der Menschheit und des dadurch bedingten enormen Gesundheitsrisikos darstellen. Die OECD spricht von einer *globalen Epidemie der Fettleibigkeit*.[6] Unaufhaltsam wie eine Grippeepidemie breitet sich Adipositas unter der Menschheit aus und damit auch viele Beschwerden, die typisch für Übergewichtige sind: Gelenkprobleme und hoher Blutdruck, Leberverfettung, Herzinfarkte und Diabetes. Manche Experten glauben sogar, dass einige Krebsarten durch Dicksein entstehen können. Verantwortlich dafür ist Zucker im Überfluss, der den meisten Lebensmitteln beigemischt wird.

Dafür gibt es einen Grund: Profit!

Wissenschaftsbetrug: Wie die Zuckerlobby die Welt täuschte
Ein Beitrag der ARD[7] deckte die Machenschaften der Lebensmittelindustrie auf. In *daserste.de* ist zu dieser Sendung zu lesen: *Im Amerika der Nachkriegszeit wuchs der Wohlstand und Fast Food gehörte zum Lebensstil. Doch Epidemiologen machten eine besorgniserregende Entdeckung: Die Rate der Herz-Kreislauferkrankungen – und Tode – stieg merklich an. Der Verdacht kam auf, veränderte Nahrungsgewohnheiten könnten der Grund dafür sein. Diverse Ernährungsstudien wurden durchgeführt – auf der Suche nach dem Schuldigen. Schon Ende der 1950er-Jahre zeichnete sich ein Ergebnis ab, das vor allem für die Vertreter der Zuckerindustrie katastrophal war: Zucker, so wie er in der westlichen Welt konsumiert wird, ist ein Gift und Hauptverantwortlicher für Herz-Kreislauferkrankungen. Vor allem Hersteller von Süßigkeiten und Getränken sahen ihren Profit massiv in Gefahr. In den jetzt teilweise veröffentlichten Gesprächsprotokollen ist nachzulesen, dass John Hickson, ein Top-Zuckerlobbyist und Präsident der* Sugar Research Foundation *erklärte, man müsse mit eigener Forschung, Informationskampagnen und Gesetzen gegen diese Erkenntnisse anarbeiten. Und er beschloss 1964, die Datenlage zu manipulieren. (…)* Weiter wurde berichtet, dass zwei Wissenschaftler der Universität von San Francisco, Dr. Cristin Kearns und Prof. Stanton Glantz, Gesprächsprotokolle von damals gefunden, ausgewertet und einen Betrug von historischem Ausmaß aufgedeckt hatten. Prof. Glantz erklärte unter

anderem, dass Wissenschaftler, die im Auftrag der Zuckerlobby eine Studie veröffentlichten, die den Zuckerverzehr als unbedenklich verharmlosten, viele Konsumenten für Jahrzehnte einem beträchtlichen Risiko durch zu hohen Zuckerkonsum aussetzten. Der britische Mediziner John Yudkin gehörte zu den wenigen, die sich gegen die manipulierten Studien wandten. In seinem Buch *Pure, White and Deadly* (1972)[8] führte er die Studien auf, die ganz klar zeigten: Übermäßiger Zuckerkonsum ist der wichtigste Risikofaktor für die Entwicklung von Herz-Kreislauferkrankungen und Diabetes Typ 2. Die Folge war, dass Yudkins Karriere von Wissenschaftlern, die der Zuckerindustrie nahe standen, zerstört wurde. Er durfte auf keinem Kongress mehr auftreten und in keiner Zeitschrift veröffentlichen. Dieses abschreckende Beispiel sorgte dafür, dass das Thema *Zucker und Herz-Kreislauf-Risiko* über Jahrzehnte von Wissenschaftlern gemieden wurde. Da sich die Anzahl der Fettleibigen weltweit weiter erhöhte und die gefälschten Ergebnisse der *Zuckerstudie* zum Teil ruchbar wurden, reagierte die Lebensmittelindustrie mit der Entwicklung von fettfreien bzw. fettreduzierten Produkten. Durch den Konsum dieser *gesunden* Nahrung stieg die Kalorienaufnahme ungehindert. Unter anderem vor allem deshalb, weil Fett in der Nahrung für Sättigungssignale sorgt und so die Nahrungsaufnahme reguliert.

Das Fehlen dieser Signale hatte fatale Folgen. Es entwickelte sich eine wahre Epidemie der Fettleibigkeit, die sich nach dem Krieg bis dahin kaum verändert hatte. Sie lag in den USA bis in die frühen 1980er-Jahre bei etwa 13 Prozent. Erst mit der Low-Fat-Empfehlung stieg die Zahl dramatisch an – bis auf aktuell etwa 37 Prozent. Dasselbe Bild zeigte sich auch in Großbritannien. Und wer glaubt, die Manipulation durch die Zuckerindustrie sei eine alte Geschichte im fernen Amerika, der irrt. Auch heute in Europa hat die Zuckerlobby enormen Einfluss. Schließlich geht es allein in

Deutschland um einen Jahresumsatz von ca. 2,5 Milliarden Euro.[9] So hat die Lobby beispielsweise 2010 die Einführung der *Ampelkennzeichnung* auf Nahrungsmitteln verhindert, die unter anderem vor gefährlich hohem Zuckergehalt warnen sollte.

Es ist zu konstatieren, dass die globale Nahrungsbeschaffung für den heutigen Menschen und die Qualität der von der Lebensmittelindustrie produzierten Nahrungsmittel fast ausschließlich von der Profitgier der Konzerneigentümer und ihrer Helfershelfer aus Wirtschaft und Politik manipuliert und beherrscht wird. Deren verbrecherisches Verhalten gegenüber der Menschheit, mit Auswirkungen auf die gesamte Ökologie der Erde, beeinflusst sowohl den Hunger als auch die Verfettung der Menschheit.

Weltweit sind Forschern zufolge mehr als zwei Milliarden Menschen übergewichtig oder sogar fettleibig. Laut einer aktuellen Studie hat sich der Prozentsatz übergewichtiger Menschen zwischen 1980 und 2015 in mehr als 70 Ländern verdoppelt. In den meisten anderen Staaten sei er zumindest stetig gestiegen, schreibt ein internationales Forscherteam im *New England Journal of Medicine*.[10] Demnach waren im Jahr 2015 rund 2,2 Milliarden Menschen übergewichtig. Mehr als 710 Millionen von ihnen waren sogar fettleibig.[11] Im krassen Gegensatz dazu verhungern durch Nahrungsmangel jährlich mehr als 20 Millionen Menschen, mehrheitlich Kinder. Gleichzeitig ernähren sich Abertausende am Rande vieler Großstädte Asiens, Afrikas und Südamerikas von dem, was sie in den Müllbergen an Verwertbarem finden. Dagegen herrscht in den Einkaufspalästen der Industrieländer eine Übersättigung, die an Dekadenz nicht zu überbieten ist. Hier werden, in ständiger Konkurrenz zueinander und unabhängig von der Jahreszeit, Nahrungsmittel aus allen Gegenden der Erde angeboten. Eine größere Abnormität bei der globalen Nahrungsbeschaffung des Menschen ist kaum vorstellbar. Kaum vorstellbar ist auch, dass besonders durch die Art des Bewirtschaftens der Agrarflächen – da sind sich die Forscher sicher – das sechste große Massensterben auf der Erde begonnen hat.[12] Die Zahlen sind erschreckend: 41 Prozent aller Amphibien- und 26 Prozent aller Säugetier-Arten sind bedroht. Aktuell wird in den Medien zumindest teilweise über das dramatische Insektensterben berichtet.

Fatal ist, dass nur unbedeutend gehandelt wird. Bevor wir nach Antworten suchen, durch welche Umstände den Konzernen diese Machtausübung ermöglicht wurde, soll das nachfolgende Kapitel die explosive Entwicklung der Weltbevölkerung erklären. Im Kontext dazu werden wir auch den Zusammenhang zwischen der profitorientierten Nahrungsmittelindustrie, dem Hunger Hunderter Millionen Menschen und dem zu erwartenden ökologischen Kollaps aufdecken.

4 Weltbevölkerungsentwicklung unter Berücksichtigung von Migration, Konflikten und Hunger

4.1 Historische Entwicklungen

Beginn der Entwicklung der menschlichen Gesellschaft

Quantensprünge wie die *Neolithische Revolution* (die Erfindung von Ackerbau und Viehzucht) machten den Menschen unabhängiger von seiner natürlichen Umwelt und sorgten für rasches Bevölkerungswachstum. Vor jener Zeit, über mehrere Hunderttausend Jahre hinweg, ernährte sich der Mensch, indem er jagte und sammelte. Das heißt, im gesamten Zeitraum des Paläolithikums und des Mesolithikums (Altsteinzeit und Mittelsteinzeit) waren die Menschen abhängig von den Produkten der Natur. Dies begrenzte die Bevölkerungszahl und das Tempo des Bevölkerungswachstums. Eine natürliche, nicht bewirtschaftete Umwelt erlaubt nur geringe Bevölkerungsdichten. Infolgedessen vermehrte sich der Homo sapiens nur begrenzt, begleitet von periodischen Rückschlägen wie Seuchen etc. Schätzungen von Wissenschaftlern zufolge, bevölkerten zum Ende des Paläolithikums, also vor etwa zehntausend Jahren, fünf bis zehn Millionen Menschen die Erde.

Etwa zur gleichen Zeit begann die *Neolithische Revolution*, zunächst in Teilen Westasiens und des östlichen Mittelmeers (etwa 8000 v. Chr.), gefolgt von Mittelamerika (6000 v. Chr.) und schließlich Ägypten und Süd- sowie Ostasien (3000 v. Chr.). In diesem Zeitraum wandelte sich der Mensch überwiegend vom Jäger und Sammler zum Ackerbauern und Viehzüchter. Damit verbunden wurde er sesshaft. In den meisten damals bewohnten Teilen Europas hatten sich Ackerbau und Viehzucht bis circa 2500 v. Chr. verbreitet.

Die neue Lebensweise steigerte die Nahrungsmittelproduktion und das Bevölkerungswachstum. Die Einwohnerzahl in Siedlungen, in denen sich eine fortschreitende Arbeitsteilung sowie neue Institutionen und gesellschaftliche Strukturen entwickelten, nahm stetig zu. Diese Entwicklungsphase, ab etwa 4000 v. Chr., wird heute auch als die *Urbane Revolution* bezeichnet.

Bedingt durch die demografischen und ökonomischen Gegebenheiten entwickelten sich bis zur Zeitenwende unterschiedliche Merkmale des Zusammenlebens:

- Im Mittelmeerraum, in Ostasien und in Mittelamerika entstanden Zivilisationen, die stadtartige Zentren entwickelten. Grundlage ihres Fortschritts waren die Agrarwirtschaft und der Handel.

- In stark bewaldeten Regionen, vor allem in Südostasien und Nordeuropa, entstanden vorwiegend Dorfgemeinschaften.

- Besonders in Regionen in der Nähe der Sahara, im Gebiet des arabischen Raumes und in Zentralasien stagnierte die Entwicklung. Hier blieb es vorwiegend bei nomadischen und halbnomadischen Gesellschaften.

- In Nord- und Südamerika, im gesamten ozeanischen Gebiet und südlich der Sahara entstanden Dorfgemeinschaften, deren Merkmale der Nahrungsbeschaffung das Jagen, Sammeln und Fischen waren.

Durch die genannten Entwicklungen der menschlichen Gesellschaften wuchs die Weltbevölkerung im Zeitraum von 4000 v. Chr. bis zur Zeitenwende von etwa fünf bis zehn auf rund 200 Millionen Menschen. Entscheidend für dieses Wachstum war eindeutig die Nahrungssicherheit.

Das Weltbevölkerungswachstum: Von Christi Geburt bis zum Beginn der Industrialisierung

Über das Wachstum der Weltbevölkerung bis zum ersten Jahrtausend liefert uns die Wissenschaft keine genauen Erkenntnisse. Heutige Historiker und Demografen können keine verlässlichen Quellen bzw. historischen Informationen nutzen, die die sozioökonomischen Verhältnisse der betreffenden Zeit wiedergeben. Der deutsche Althistoriker Julius Beloch[1] hat die Bevölkerung des *Römischen Reiches* im Jahre 14 n. Chr. auf etwa 54 Millionen geschätzt, die des europäischen Teils auf etwa 23 Millionen. Insgesamt haben damals rund 270 Millionen Menschen gelebt.

Die Völkerwanderung, ausgelöst durch den Einfall der Hunnen, dem dadurch bedingten Zerfall des *Römischen Reiches,* sowie die Pest im 6., 7., und 8. Jahrhundert, führten in den meisten ehemals römischen Provinzen nicht nur zu einem ökonomischen Niedergang und zur politischen Instabilität, sondern auch zu einer demografischen Stagnation. Infolgedessen wuchs die Weltbevölkerung bis zum Jahr 1000 nach einer Schätzung nur auf insgesamt etwa 310 Millionen Menschen. Das heißt, die durchschnittliche jährliche Zuwachsrate betrug in diesem Zeitraum etwa 0,04 Prozent.

Charakteristisch für die Agrargesellschaften des Mittelalters und der frühen Neuzeit war eine hohe Sterblichkeit, vor allem bei Kindern. Die Hälfte aller Neugeborenen starb in den ersten Lebensjahren. Im Schnitt betrug die Lebenserwartung nur 20–40 Jahre. Viele Kinder und Erwachsene fielen Seuchen, Hungersnöten und Kriegen zum Opfer. Zwischen 1000 und 1885 wurden allein in Westeuropa 450 Hungersnöte registriert. Die Pest, damals auch *Schwarzer Tod* genannt, trat 1338/1339 in Asien auf und erreichte 1346 Europa. Sie forderte hier im Laufe des 14. Jahrhunderts 25–35 Millionen Todesopfer. Eine erneute Pestepidemie gab es während des *Dreißigjährigen Krieges* (1618–1648). Durch diesen Krieg und die ihn begleitenden Seuchen verlor Europa rund ein Drittel seiner damaligen Bevölkerung.

Wiederkehrende Katastrophen (Kriege, Hungersnöte, Epidemien) kennzeichneten in allen Weltregionen die Bevölkerungsgeschichte der vorindustriellen Zeit. Darauf folgten meist Perioden, in denen die Einwohnerzahlen der jeweiligen Region wieder deutlich wuchsen. Bis zum Jahr 1750, dem Beginn der *Industriellen Revolution*, wuchs die Weltbevölkerung auf schätzungsweise 791 Millionen Menschen an – also auf etwa das Zweieinhalbfache der Bevölkerungszahl des Jahres 1000 bzw. auf etwa das Vierfache seit Christi Geburt. Von diesen 791 Millionen Menschen lebten 498 Millionen (63 Prozent) in Asien, 167 Millionen (21 Prozent) in Europa, 106 Millionen (13 Prozent) in Afrika und 16 Millionen (2 Prozent) in Mittel und Südamerika. Dagegen wirkten Nordamerika und Ozeanien mit zusammen etwa vier Millionen Menschen noch weitgehend menschenleer.[2]

Das Milliardenwachstum

Die Zahl der Menschen wächst exponentiell. Die Abstände, in denen sich die Weltbevölkerung verdoppelt, verkürzen sich immer mehr: Anfang des 19. Jahrhunderts erreichte die Weltbevölkerung eine Milliarde. Nach etwa 130 Jahren verdoppelte sich die Menschheit auf zwei Milliarden. Nach weiteren 30 Jahren wurden drei Milliarden ermittelt. Bis zum Jahre 2000, also innerhalb von nur 40 Jahren, verdoppelte sich die Weltbevölkerung erneut auf sechs Milliarden. Aktuell beherbergt unsere Welt ca. 7,7 Milliarden Menschen. Innerhalb von 267 Jahren, das entspricht etwa neun Generationen, hat sich die Menschheit also fast verzehnfacht.

Das ist kein Grund zum Jubeln. Durch die kapitalistische Wirtschaftsordnung bringt dieses enorme Bevölkerungswachstum schon heute für Mensch und Natur enorme Probleme mit sich. Die Prognosen der Zukunft sind explosiv: Laut aktuellem *UN*-Bericht wird sich die Weltbevölkerung bis 2050 auf 9,8 Milliarden und bis zum Ende dieses Jahrhunderts auf 11,2 Milliarden erhöht haben. Der Öffentlichkeit ist aber nahezu unbekannt, dass die *UN* die Wachstumsrate mit drei Berechnungsvarianten ermittelt, nämlich mit einer niedrigen, einer mittleren sowie einer hohen Variante. Demnach wird 2050 bei der hohen Variante von einer Weltbevölkerung von 10,8 Milliarden und 2100 von 16,57 Milliarden ausgegangen.[3] Bei der Berechnung der mittleren Variante geht man von einem Absinken der durchschnittlichen Wachstumsrate von derzeit 1,2 auf 0,1 Prozent aus. Begründung: *Wohlstand bremst Bevölkerungswachstum.* Wie Wohlstand auf einer Erde für 10–12 Milliarden Menschen entstehen soll, auf der 2017 weit mehr als eine Milliarde hungerten und auf der alle fünf Sekunden ein Kind unter zehn Jahren verhungert,[4] bleibt hinsichtlich der Vernichtung des Lebensraumes aller Lebewesen und der damit verbundenen Ausbeutung der lebensnotwendigen Ressourcen, wie z. B. Trinkwasser, unbeantwortet.

In dem nun folgenden Abschnitt wollen wir der Frage nachgehen, welche Auswirkungen Wohlstand beziehungsweise Hunger auf das Bevölkerungswachstum hat.

4.2   Einflüsse von Wohlstand und Hunger

Geburtenrate versus Wohlstand
Es wird allgemein behauptet, dass in wohlhabenden Ländern die Geburtenrate automatisch sinkt. Diese Behauptung ist eine Annahme, die weit verbreitet, aber wissenschaftlich nicht belegt ist. Statistiken präsentieren uns einen Zusammenhang zwischen dem Wohlstand eines Landes und seiner Geburtenrate. Keine dieser Statistiken

belegt einen kausalen Zusammenhang, sondern lediglich eine Korrelation. In Wirklichkeit besteht eine umgekehrte Proportionalität: Wenn in einem Land die Geburtenrate sinkt, steigt der Wohlstand.

Ein Beispiel: In einem relativ begrenzten System, z. B. einem Industriestaat wie Deutschland, sinkt die Geburtenrate und damit die Bevölkerungszahl. Der erwirtschaftete Wohlstand muss auf weniger Einwohner verteilt werden. Davon profitieren im Idealfall die Individuen. Menschen sind zur Erzeugung von Wohlstand nicht mehr primär notwendig. Der Überfluss wird durch die technische Entwicklung von Maschinen und Computern sowie durch Dienstleistungen erwirtschaftet. Menschen liefern dazu die Ideen, um die Produktion durch Know-how und Effektivität zu erhöhen. – Aber die Verbesserung und Steigerung der Produktion kann nicht zu mehr Wohlstand führen, wenn die Zahl der Menschen, auf die die Produkte verteilt werden sollen, schneller steigt als die Effektivität der Produktion. Diese Gesetzmäßigkeit gilt global. Wenn also die Weltbevölkerung schneller wächst als die Produktion von Lebensmitteln und Gebrauchsgütern, dann sinkt der Wohlstand und ein Verteilungsproblem ist die Folge. Das ist die aktuelle globale Situation.

Was ist nun aber die Ursache für Wohlstand und für die Verkleinerung der Geburtenrate? Der zentrale Grund für diesen Wohlstand ist die Gleichberechtigung der Frau. In einem Land, in dem sich diese durchgesetzt hat, sinkt die Geburtenrate und infolge dessen steigt der Wohlstand. Dazu kommt die Antibabypille. Keine Erfindung hat unsere Gesellschaft so vielseitig geprägt. Sie wurde am 9. Mai 1960 von der FDA, der amerikanischen Behörde für Lebens- und Arzneimittel zugelassen. Es war ein medizinischer Durchbruch, der viele Jahre gedauert hatte. Am Ende entstand die einfachste und zuverlässigste Form der Geburtenkontrolle, die jemals erfunden wurde. Die Pille traf die Gesellschaft in einer Zeit sozialer und politischer Umwälzungen und wurde so zu einem Symbol revolutionärer Veränderungen ihrer Zeit: der Ablehnung von Traditionen, der Herausforderung gesellschaftlicher Umorientierung und der Neudefinition der Rolle der Frau.

Da die Pille relativ preiswert und weltweit verfügbar ist, kann sie auch weltweit von jeder Frau benutzt werden. Es ist die gleichberechtigte Frau, die maßgeblich den Wohlstand der Länder erzeugt hat. *Je mehr Gleichberechtigung und Selbstbestimmung der Frau, desto größer der Wohlstand*, lautet die korrekte Wechselbeziehung, und nicht, wie uns allenthalben weisgemacht wird: *je höher der Wohlstand, desto kleiner die Geburtenrate.*

In diesem Zusammenhang wenden wir uns nun Weltgegenden zu, in denen der Hunger einen maßgeblichen Einfluss hat. In vormodernen Gesellschaften regelte, vereinfacht ausgedrückt, die Dimension der Nahrungsmittelproduktion die Geburtenrate. Im vorherigen Kapitel haben wir aufgezeigt, dass das Wachstum der Weltbevölkerung mit dem Beginn der *Industriellen Revolution* exponentiell erfolgte. Gleichzeitig entwickelte sich das kapitalistische System zu dem heutigen zerstörerischen Monstrum. In den Industrieländern endete das immer schneller werdende Bevölkerungswachstum durch die Gleichstellung der Frau. Die von den ehemaligen Kolonialmächten, überwiegend den heutigen Industriestaaten ausgebeuteten Völker Afrikas, Südamerikas und Asiens, wurden und werden mit brachialer Gewalt ihres natürlichen Entwicklungsprozesses beraubt. Mehrheitlich ähnelt deren patriarchalische Gesellschaftsstruktur der unseren vor Hunderten von Jahren. Eine zeitlich absehbare Gleichberechtigung von Mann und Frau ist dementsprechend illusorisch. Zusätzlich tragen die großen Weltreligionen wesentlich zur Unterdrückung der Frauen bei. Beispielsweise ist mit Afrika ein ganzer Erdteil von einer hohen Geburtenrate, großer Armut und partiell extremem Hunger betroffen. Seit Jahrhunderten ausgeplündert, versklavt, aus dem eigenen Lebensraum vertrieben und nun vom modernen Kapitalismus als billige Lohnsklaven ausgebeutet, haben Abermillionen Menschen ihre natürliche Vermehrungsregulierung verloren, nur die Anzahl an Nachkommen zu haben, die man auch ernähren kann.

Es ist ein eindeutiger Zusammenhang der Weltbevölkerungsentwicklung durch Wohlstand und Hunger feststellbar. Bis zum Beginn der *Industriellen Revolution* hat maßgeblich Nahrungsmangel in jeder Epoche der zurückliegenden Zeit die Weltbevölkerungsentwicklung reguliert. Es ist nicht zu leugnen, dass mit dem Aufkommen des Kapitalismus und der Verstärkung durch den heutigen Neoliberalismus das Wachstum der Weltbevölkerung Dimensionen erreicht hat, die die Lebensgrundlagen zahlreicher Gattungen zerstören.

Wir werden uns später mit den dafür verantwortlichen Industriestaaten, den Führungskräften aus Politik und Wirtschaft sowie ihrem System detailliert auseinandersetzen. Zuerst werden wir uns aber den Einflüssen der Völkerwanderungszeit zuwenden.

4.3   Einwirkungen von Konflikten und Migration

Am Beispiel der Fluchtbewegungen der Kimbern, Teutonen und Hunnen sowie der Ereignisse während des 2. Weltkrieges, wollen wir den Begriff *Völkerwanderung* mit all seinen begleitenden Ursachen und Begebenheiten verdeutlichen, einen Zusammenhang zu den heutigen Ereignissen herstellen sowie Einwirkungen auf den Bevölkerungszuwachs untersuchen.

Zum besseren Verständnis befassen wir uns zunächst näher mit dem Begriff *Völkerwanderung*. Diese Bezeichnung fand Ende des

18. Jahrhunderts Eingang in die Geschichtsforschung und gab einer ganzen Epoche zwischen Antike und Mittelalter ihren Namen.

Wanderungsbewegungen von Individuen, Gruppen oder Gesellschaften gab es zu allen Zeiten der menschlichen Geschichte. In der heutigen Forschung wird der Begriff *Völkerwanderung* jedoch teilweise ideologisch verwendet. Nach Aussage der Wissenschaftler waren es nie Wanderungen ganzer Völker und der Begriff ist daher falsch. *Völker* waren zu keiner Zeit heterogene Gemeinschaften und sind es auch bis heute nicht. Der Begriff *Volk* hat so viele verschiedene Facetten, wie des Menschen Individualität.

Was derzeit über Europa hereinbricht, kann man umschreiben, wie man will, es ist dennoch eine Völkerwanderung. Dieser Begriff für das massenhafte Auswandern von Volksgruppen aus ihren angestammten Heimatgebieten folgt jedoch keiner Ideologie. Der Mensch, dessen Stammesgeschichte heute noch mehr Fragen als Antworten liefert, war seit seiner Entwicklung zum Homo sapiens auf der Wanderschaft. Er war in Gruppen, die zumeist wahrscheinlich durch gleiche Abstammung verbunden waren, auf der Suche nach Gebieten, die Ernährungsgrundlagen boten. Nachweislich kam es weltweit, seit dem Aufbruch des Menschen in Afrika, zu größeren Wanderungsbewegungen. Die Forscher entdeckten Gemeinsamkeiten im Bauplan der DNA, die darauf hindeuten, dass sich die Gruppe der gemeinsamen Ahnen bereits vor ca. 200.000 Jahren in Afrika formierte. Diese Ur-Population verließ den afrikanischen Kontinent und ein Teil von ihr wanderte nach Europa weiter, ein anderer nach Osten Richtung Asien und Australien. Der Beginn der letzten Eiszeit vor etwa 110.000 Jahren beeinträchtigte die nördliche Ausbreitung. Dies änderte sich ab ca. 10.000 v. Chr.

Mit dem Ende der Vergletscherung begann die sogenannte *Neolithische Revolution* (ab ca. 7500 v. Chr.) mit dem erstmaligen Aufkommen von Ackerbau und Viehzucht und der damit einhergehenden Vorratshaltung. Die Menschen begannen sesshaft zu werden, jedoch nicht über lange Zeiträume am selben Ort. Bis zur Entstehung größerer Siedlungsorte vergingen noch Jahrtausende. Bis dahin gab es ein Konglomerat aus vorübergehender Ansiedlung und Nomadentum.

Mit dem Beginn der Sesshaftigkeit begann der Kampf um die fruchtbarsten Böden, um Wasser und Wald und später auch um Metalle. Mit dem kontinuierlichen Anwachsen der Weltbevölkerung wurde dieser Konkurrenzkampf stärker. Gruppen und Stämme zogen auf der Suche nach Lebensräumen über die Kontinente Afrika, Asien und Europa. Größere Wanderbewegungen setzten dann mit dem Ende der letzten Eiszeit vor ca. 15.000 Jahren ein. Dieser Zeitraum wird auch für die Erstbesiedlung Amerikas angenommen.

Von den Völkerwanderungen der Steinzeit, Bronzezeit und Eisenzeit gibt es lediglich archäologische Belege. Die erste große Migration, die in Mitteleuropa ihren Ausgangspunkt hatte, war der historisch belegte Zug der Kimbern und Teutonen. Davon berichten uns die Römer in ihren antiken Quellen. Gemeinsam mit den Ambronen zogen die germanischen Stämme um das Jahr 120 v. Chr. aus ihrem Siedlungsgebiet im Norden Mitteleuropas nach Süden. Die wesentlichen Informationen über die Kimbern, Teutonen und Ambronen liefert uns der griechische Geschichtsschreiber Plutarch in der Biografie des Gaius Marius,[5] einem römischen Feldherrn, der die militärischen Auseinandersetzungen gegen die germanischen Stämme befehligte.

Allerdings ist hinsichtlich der historiografischen Hinterlassenschaften der Römer, die Germanen betreffend, Skepsis bezüglich des Wahrheitsgehaltes geboten. Die Geschichte schreiben immer die Sieger. Das trifft bei den Auseinandersetzungen zwischen Römern und Germanen auch deshalb zu, weil die Germanenstämme noch keine Schriftsprache kannten, um uns ihre Sicht der Dinge zu überliefern. Plutarch berichtet, dass die Kimbern, Teutonen und Ambronen 300.000 kampffähige Männer besaßen, was die heutigen Historiker jedoch anzweifeln. Demnach müsste die Bevölkerungszahl der Stämme über eine Million Menschen betragen haben. Es wird jedoch in dieser Zeit von der Forschung für das gesamte Gebiet zwischen Rhein und Elbe nur eine Bevölkerung von insgesamt drei bis vier Millionen angenommen.

Die römischen Quellen geben an, dass die Germanenstämme auf der Suche nach neuem Siedlungsland waren – aber warum, darüber informieren sie uns nicht. Als Grund für die Auswanderung werden eine Klimaverschlechterung und damit verbundene Missernten oder eine Naturkatastrophe angenommen. So könnten Sturmfluten ihre Siedlungsverhältnisse verschlechtert haben. Höchstwahrscheinlich wanderte nicht der gesamte Stamm der Kimbern aus, sondern nur ein Teil, insbesondere die jüngere Bevölkerung, unter ihnen Frauen und Kinder. Ihre Habseligkeiten führten sie auf Ochsenkarren mit sich, sodass sich der Treck nur langsam fortbewegte. Die tägliche Suche nach Nahrung, Futter und Wasser bestimmte letztlich ihre Marschgeschwindigkeit und Marschroute. Neueste Forschungen bestätigen, dass es seit Jahrhunderten Handelskontakte, vor allem über die Flüsse, von Nordeuropa bis zum Mittelmeerraum gab. Es ist zu vermuten, dass den Aussiedlern bekannt war, südlich der Alpen Siedlungsland ohne strenge Winter, Eis und Schnee vorzufinden. Anders lässt sich ihr Wanderweg über 2.000 Kilometern nicht erklären.

Nachdem die Stämme von Jütland (Kimbrische Halbinsel) ab etwa 120 v. Chr. quer durch ganz Germanien gezogen waren, kamen sie im Jahr 113 v. Chr. in der heutigen Steiermark an und trafen dort zum ersten Mal auf die Römer. Der römische Konsul Gnaeus Papirius Carbo ließ die Alpenpässe sperren, um die Germanen am Marsch in Richtung Süden zu hindern. Angeblich suchten die Germanen nur nach Siedlungsland, aber wo gab es das noch? Jegliches fruchtbare Land war besiedelt und friedlich weiterzuziehen war auch nicht vorstellbar. Eine solche *Völkerwanderung* war einem Raubzug gleichzusetzen, denn die Menschen mussten sich ja versorgen. Es ist davon auszugehen, dass sie mit Gewalt nahmen, was sie zur Eigenversorgung benötigten. Raub, Plünderung, Totschlag und Mord wird ihren Weg in Richtung Süden begleitet haben.

Diese Völkerwanderung, auch wenn die Ursachen Not, Hunger und Tod waren, ist vergleichbar mit einem Kriegszug, der letztendlich das Ziel hatte, fremdes Land in Besitz zu nehmen. Die Römer wussten um diese Konstellation und wollten die Germanen nicht in ihren Einflussbereich ziehen lassen. Bei Noreia (einem bisher unlokalisierten Ort) griffen sie die Germanen aus dem Hinterhalt mit zwei Legionen (12.000 Mann) an. Die Germanenstämme besiegten die Römer jedoch. Die Kimbern, Teutonen und Ambronen zogen weiter über Böhmen, Schlesien, Mähren, den Donauraum und Helvetien (Mittelschweiz) nach Gallien. In der Folge gab es zahlreiche kriegerische Auseinandersetzungen mit unterschiedlichem Ausgang, an denen sich auch keltische Stämme beteiligten. Nach ca. zwanzigjähriger Völkerwanderung – die Zeit einer ganzen Generation – besiegte die römische Militärmacht die Germanen.

Die Biografie der Nordgermanen verliert sich in den Spuren der Geschichtsquellen. Die Wanderung der germanischen Stämme wird in der Antike durchweg als barbarischer Raubzug beschrieben. Die moderne Forschung betrachtet diese Aussage kritisch – sie sieht darin eher eine Migrationsbewegung der Stämme auf der Suche nach Siedlungsland. Wenn wir heute von der *historischen Völkerwanderung* sprechen, denken wir an den *Hunnensturm*, der viele der Stämme Ost- und Mitteleuropas in fluchtartige Bewegung versetzte. Um sich vor den Hunnen in Sicherheit zu bringen, erbaten germanische Gruppen 375 n. Chr. Zuflucht im *Römischen Reich*.

Nachdem die unbändigen hunnischen Invasoren plündernd und mordend die Grenzen überwunden, die Verteidiger geschlagen und

Städte und Dörfer geplündert und verwüstet hatten, beschloss die Mehrheit der germanischen Bewohner, sich einen neuen Zufluchtsort zu suchen. Aufgrund der Fruchtbarkeit seiner Weiden und des Schutzes, den die breite Donau bot, fiel ihre Wahl auf Thrakien (Landschaft der östlichen Balkanhalbinsel) unweit der oströmischen Hauptstadt Konstantinopel. So beschreibt der spätrömische Historiker Ammianus Marcellinus (330–395 n. Chr.) in seinen *Res Gestae* die Ursache der sogenannten Völkerwanderung, die im Jahr 375 n. Chr. durch den Einfall der Hunnen aus Zentralasien in die südrussische Steppe ausgelöst wurde.[6] Wie die Römer diese Migrationsbewegungen deuteten, beschreibt der Autor, der als hoher Offizier Zeuge der Ereignisse war, so: *Eine Masse unbekannter Barbarenstämme, durch plötzliche Gewalt aus ihren ursprünglichen Wohnsitzen verdrängt, unstet mit Weib und Kind in einzelnen Gruppen am Donauufer umhertreibend. Ganz am Anfang nahmen unsere Leute die Sache nicht ernst. Allmählich konnte man aber den Ereignissen größeren Glauben schenken und die Ankunft von Gesandten aus dem Barbarenland bestärkte ihn noch. Flehentlich und unter Beschwörungen baten sie, die landflüchtige Volksmenge diesseits des Stroms aufzunehmen.*

Überliefert ist, dass der in Konstantinopel residierende Kaiser Valens und seine Gefolgschaft über die Bitte der Goten zunächst hocherfreut waren. Der Zuzug kampferprobter Jungmannschaften eröffnete ein neues Rekrutierungsreservoir für die Armee, was zudem den Staatsschatz weniger belasten würde. Also wurden Beamte mit dem Auftrag an die Grenze entsandt, die *wilde Menschenmenge* samt Tross sicher über den Fluss zu geleiten, zu versorgen und ihr anschließend Lebensmittel und Äcker in Thrakien zuzuweisen. Die unseligen Beamten machten zwar den Versuch, die Zahl der Migranten festzustellen, gaben aber ihr nutzloses Bemühen bald auf. Auch verhinderten inkompetente und korrupte Provinzverwaltungen alle Bemühungen, die Neuankömmlinge mit Lebensmitteln zu versorgen. Sie pressten von ihnen sogar überhöhte Zahlungen ab. Als kurz darauf weitere germanische Gruppen um Aufnahme ins Reich baten, wurden sie abgewiesen, konnten aber von der schwachen Grenzverteidigung nicht am Übergang über die Donau gehindert werden. Kaiser Valens aber stand mit seinem Heer im fernen Antiochia, im Süden des *Römischen Reiches*, wo er den Krieg gegen die persischen Sassaniden führte.

In seinem 2012 erschienenen Buch *Invasion der Barbaren* konstatiert der englische Historiker Peter Heather,[7] dass die Goten, die 376 die Donau überschritten, nicht einfach nur Flüchtlinge, sondern Migranten waren, die nicht nur die Suche nach Sicherheit antrieb, sondern auch die *Hoffnung auf Partizipation am Wohlstand* der zivilisierten Welt. Dagegen unterschieden sich die Migranten, die sich für den Zug nach Süden entschieden, in zwei entscheidenden Punkten von der aktuellen Migration: Zum einen, so Heather, handelte es sich *um unorganisierte Ströme von Menschen, die um ihr Leben liefen,* und nicht um geordnete Evakuierungen. Zum anderen kamen die Flüchtlinge der Gegenwart ohne Waffen und politische Organisation. Die Goten dagegen waren kampferprobt und verfügten über eine eigene politische und gesellschaftliche Organisation. Und sie hatten die Option, jemals in ihre alte Heimat zurückzukehren, zweifelsfrei aufgegeben.

4.4   Flucht und Vertreibung als Kriegsfolge

Die bis heute größten und furchtbarsten Flüchtlingsströme erlebte die Menschheit während und nach dem 2. Weltkrieg. Schon während des Krieges begann eine Zwangsmigration, die als die größte in der Geschichte der Neuzeit gilt.[8] Millionen von Menschen verloren ihre Heimat und mussten fliehen. Der Großteil der Flüchtlinge zog nach Westdeutschland und musste sich in die ebenfalls durch den Krieg gebeutelte Gesellschaft integrieren. Zwischen 1939 und 1950 fand eine Völkerwanderung statt, die etwa 25–30 Millionen Menschen in Europa erfasste und hauptsächlich aus Flüchtlingen, Vertriebenen und Deportierten bestand. Erweitert man die Schätzung um die zwischen 1943 und 1945 zu beobachtenden Massenzwangswanderungen, so kann für den 2. Weltkrieg von bis zu 55 Millionen Migranten ausgegangen werden. Zehntausende Kinder kehrten aus der Kinderlandverschickung zurück, Hunderttausende ehemals Evakuierter kamen nach Hause. Millionen ehemalige Soldaten, befreite KZ-Häftlinge und Zwangsarbeiter waren unterwegs, um in ihre Heimatländer zurückzukehren. Die größte von Migration betroffene Gruppe waren etwa 14 Millionen Deutsche, die vor Kriegsende in Pommern, Schlesien und Ostpreußen, dem heutigen Gebiet von Polen, den baltischen Staaten, Ungarn, Tschechien, der Slowakei, Jugoslawien und Rumänien lebten. Der Migrationsforscher Jochen Oltmer berichtet in seinem Buch *Globale Migration, Geschichte und Gegenwart*[9] unter anderem über Flucht und Vertreibung während des 2. Weltkrieges in China: (…) *Insgesamt soll die Zahl der Flüchtlinge im japanisch-chinesischen Krieg 1937 bis 1945 jene in Europa deutlich überstiegen haben. Sie wird auf 95 Millionen geschätzt.* (…)

Somit kann konstatiert werden, dass während- und unmittelbar nach dem 2. Weltkrieg weltweit mehr als 150 Millionen Menschen durch kriegerische Auseinandersetzungen flüchteten bzw. vertrieben wurden. Viele Millionen starben auf der Flucht. Als 1945 die Waffen schwiegen, lag nicht nur Deutschland in Trümmern. In Europa und Fernost hat der 2. Weltkrieg mindestens 55 Millionen Menschen das Leben gekostet. Die Bundeszentrale für politische Bildung spricht sogar von bis zu 70 Millionen Kriegstoten.

Es darf nicht verschwiegen werden, dass auch diese bisher größte Katastrophe menschlicher Grausamkeiten von Teilen einer machthungrigen Elite inszeniert wurde. Ihre Macht erlangen sie, damals wie heute; durch gewaltsame Aneignung von Ressourcen. Das heutige Drama um das Thema *Gewalt und Flucht* wollen wir, auch im Zusammenhang mit anderen Faktoren, nachfolgend beispielhaft verdeutlichen:

Seit 2015 beherrscht die Debatte über Zuwanderung die deutsche und europäische Politik. Es fliehen weltweit Millionen von Menschen, vorwiegend aus den Krisenregionen Afrikas und des Nahen Ostens. Hunderttausende flohen bereits nach Europa. Die Menschen gefährden nach wie vor ihr Leben bei dem Versuch, mit überfüllten Booten das Mittelmeer zu überqueren, denn der Landweg über die Balkanroute nach Europa ist ihnen seit einiger Zeit verschlossen.

Die Ursachen von Migration und Flucht sind auf komplexe Weise mit anderen Krisenerscheinungen verbunden, auch der Klimawandel spielt dabei eine Rolle. Es ist nicht neu, dass Menschen wandern und dabei Grenzen überschreiten. Wir haben die Geschichte bemüht und die kleinen und großen Völkerwanderungen in groben Zügen dargestellt. Die Antriebsfaktoren und Motive sind vielfältig und reichen von der Suche nach Ressourcen, Einkommen und Lebenschancen bis zur Flucht vor Krieg, Verfolgung und Naturkatastrophen.

Angesichts von Bevölkerungswachstum und Globalisierung nehmen Migrationsbewegungen heute ein neues Ausmaß an. Die Wanderung vom Land in die Städte verstärkt die Urbanisierung und die Bevölkerungskonzentration in Megastädten, was mit sozialen und ökologischen Problemen verbunden ist. Die grenzüberschreitende Emigration von Arbeitskräften hat ökonomische und kulturelle Auswirkungen, die das internationale System transformieren. Menschenunwürdige Lebensbedingungen und die Verschlechterung der ökonomischen, ökologischen, politischen und sozialen Lebensgrundlagen nötigen Millionen von Menschen zum Aufbruch in eine vermeintlich bessere Welt und zur Flucht.

Neben politischer Verfolgung als Fluchtmotiv gibt es einen engen Zusammenhang zwischen Flucht- und Gewaltkonflikten, die schon länger Gegenstand wissenschaftlicher Untersuchungen und politischer Debatten sind. Bewaffnete Konflikte und ihre Beendigung sind und waren eine der wesentlichen Triebkräfte für Fluchtbewegungen. Am Beispiel des 2. Weltkrieges wurde das überdeutlich. Afghanistan, Irak, Libyen, die Ukraine und zuletzt Syrien sind die aktuellen Krisenregionen.

Im Jahr 2017 mussten mehr als 68,5 Millionen Menschen ihre Heimat verlassen. Damit hat die Zahl der Flüchtlinge die 60-Millionen-Marke zum dritten Mal in Folge deutlich überschritten. Niemals zuvor waren so viele Menschen auf der Flucht und die Hälfte von ihnen sind Kinder. Gemessen an der Weltbevölkerung von aktuell rund 7,7 Milliarden ist jeder 113. Mensch ein Schutzsuchender, das geht aus neuen Statistiken des *Flüchtlingshilfswerks der Vereinten Nationen* hervor. Der kürzlich veröffentlichte Bericht *Global Trends* basiert auf Regierungsdaten, Informationen von Partnerorganisationen und Erhebungen der *UN*. Zweifellos ist in Syrien primär der Krieg die Hauptursache für Flucht und Vertreibung. Laut *UNHCR*[10] flüchteten bisher mehr als fünf Millionen Menschen in die Nachbarländer Libanon, Irak sowie nach Jordanien und in die Türkei. Hunderttausende erreichten Europa. Noch höher ist die Zahl jener, die innerhalb Syriens seit 2011 heimatlos geworden sind: 6,6 Millionen Frauen, Kinder und Männer haben bereits ihr Zuhause verloren und irren ohne Orientierung und perspektivlos im Land umher. Die EU wurde in der Flüchtlingskrise 2015 davon überrascht, dass so viele Menschen über alle Grenzen hinweg in die Mitte Europas gelangen konnten.

In der Zeitschrift *Wissenschaft und Frieden* erschien im Mai 2017 ein Artikel von Christiane Fröhlich und Jürgen Scheffran zum *Thema Klima – Gewalt – Flucht*, der die heutige Situation der Menschen in Krisengebieten aufzeigt und die Ursachen untersucht. Dieser Beitrag soll das Geflecht zwischen Klimawandel, Konflikt und Migration am Beispiel Syriens beleuchten: (…) *Aufgrund des Ausmaßes und der Geschwindigkeit der weitgehend unkontrollierten Zuwanderung, entwickelten sich Differenzen innerhalb der EU, verstärkt durch Proteste und Widerstände gegenüber Zuwanderung, bis hin zu gewalttätigen Angriffen auf Flüchtlingsunterkünfte. Die Ereignisse der Silvesternacht in Köln 2015/16 heizten die Stimmung gegen alle Fremden weiter auf. In Europa taten sich Risse auf, die zum Kampf der Kulturen und Religionen hochstilisiert wurden, verstärkt durch den* Islamischen Staat, *Terroranschläge in europäischen Zentren und die zunehmende rhetorische Vermischung von Flucht und Terrorgefahr, die zwar ohne empirische Grundlage ist, aber schnell politisches Momentum aufnahm. (…)*

4.5 Klimawandel und Migration

Auch der Klimawandel und andere Umweltveränderungen untergraben die Lebensbedingungen von Menschen und haben umweltbedingte Konflikte und Migration zur Folge. Historische Studien belegen, wie Veränderungen der Umwelt und des Klimas mit gesellschaftlichen Umbrüchen, Kriegen und Migrationsbewegungen verbunden sind. Die natürliche Veränderung durch den Wechsel zwischen Kalt- und Warmzeiten sowie die Schwankungen des Meeresspiegels beeinträchtigten damals und heute gesellschaftliche Stabilität. Globale oder regionale Klimaänderungen können sich mit lokalen Umweltproblemen, wie der Abholzung oder der Übernutzung von Böden, und den politischen und sozioökonomischen Bedingungen wechselseitig beeinflussen.

Die Autoren Fröhlich und Scheffran berichten, dass die Debatte über Klimaflucht schon sehr früh Teil des Diskurses über den Klimawandel war. So warnte der erste Bericht des *Weltklimarates (Intergovernmental Panel on Climate Change, IPCC)* bereits 1990, dass Klimaveränderungen zu großen Migrationsbewegungen führen könnten. Die *Europäische Kommission* rechnete 2008 mit einem *wesentlich erhöhten Migrationsdruck* (EU 2008), und der *Wissenschaftliche Beirat der Bundesregierung Globale Umweltveränderungen* sah in der klimabedingten Migration eines der künftigen Konfliktfelder der internationalen Politik, besonders in regionalen Brennpunkten (*WBGU* 2007): (…) *Für die Zukunft wird konstatiert, dass mit zunehmendem Klimawandel die sozialen und ökonomischen Lebensbedingungen von Menschen wie auch die politische Stabilität von Gesellschaften untergraben werden, besonders in fragilen Regionen und Risikozonen, wo verarmte und marginalisierte Bevölkerungsschichten zur Abwanderung gedrängt werden (Gemenne et al., 2015). Am direktesten wirkt Klimawandel durch Naturkatastrophen, wie Stürme und Überflutungen, die Menschen in die Flucht treiben, um das eigene Überleben zu sichern. Nach Schätzungen des* Internal Displacement Management Center *(IDMC) wurden alleine im Jahr 2015 weltweit etwa 19,2 Millionen Menschen durch Naturkatastrophen vertrieben, mit Abstand am häufigsten in Asien (China, Indien, Philippinen, Nepal, Myanmar), aber auch in Teilen Afrikas, Australiens und in Nord- und Lateinamerika (IDMC 2016)(…).*

Es ist zu beobachten, dass bei zunehmender Trockenheit und Dürre die landwirtschaftlichen Produktionsfaktoren Wasser und Boden knapp werden, besonders in agrarisch geprägten Subsistenzwirtschaften. Wenn der Ertrag nicht mehr reicht, sind Hunger und Armut die Folge. Betroffen sind Menschen im Mittelmeerraum durch Trockenheit und Wassermangel, in der Sahelzone und Zentralasien durch Dürren, in Mittelamerika, Süd- und Ostasien durch Stürme und Überschwemmungen oder in kleinen Inselstaaten wie den Malediven durch den Meeresspiegelanstieg. Es fehlen noch die empirischen Grundlagen, um abschätzen zu können, welche Menschenmengen als Folge des Klimawandels auswandern werden.

4.6   Wechselhafte Beziehungen

Im Beziehungsgeflecht von Klimawandel, Migration und Konflikten sind komplizierte Wechselwirkungen und Reaktionsketten möglich, die sich unter Umständen gegenseitig verstärken können: je mehr Konflikte, umso mehr Migration, was weitere Konflikte und Migration nach sich zieht. Solche Potenzierungseffekte sind typisch für komplexe Systeme und Netzwerke, in denen Rückkopplungen, Kipppunkte und Risikokaskaden auftreten können.

Die Vorstellung einer linearen Kausalität zwischen globalem Umweltwandel und Konflikten über klimabedingte Migration enthält mehrere Missverständnisse: Zunächst sind Migrationsentscheidungen komplex und nicht allein von ökologischen Faktoren bestimmt. Die Probleme innerhalb einer Gesellschaft spielen meist eine größere Rolle. Die Migrationsforscher haben fünf Auslöser von binnen- und internationaler Migration identifiziert: ökonomische, politische, demografische, soziale und ökologische Faktoren. Sie alle sind eng miteinander verwoben und wirken durch politische und gesellschaftliche Institutionen und Strukturen, wie auch durch bestehende Migrationskanäle und -netzwerke.

Doch selbst wenn die Motive für Migration zunehmen, können die Möglichkeiten zur Wanderung behindert werden. Menschen, die besonders verletzlich sind, verlieren unter Umständen die Fähigkeit zur Umsiedlung. Es besteht in keinem Fall ein Automatismus zwischen Klimaschwankungen, Naturkatastrophen und Konflikt oder Flucht. Der Klimawandel kann sowohl gesellschaftliche Problemlagen verstärken als auch eine gesellschaftliche Transformation zur nachhaltigen Friedenssicherung anstoßen.

Am Fall Syrien lässt sich verdeutlichen, dass die syrische Republik, wie die gesamte Levante, schon seit Jahren an den Folgen der globalen Erderwärmung leidet. Zuletzt gab es eine lange Dürreperiode zwischen 1998 und 2012.[11] Während dieser *Jahrhundertdürre*, wie sie von Einheimischen genannt wurde, kam es zu wiederholten Ernteausfällen in Teilen des Landes, zu Viehsterben sowie zu einer deutlichen Zunahme der Binnenmigration. In den letzten 20 Jahren wurden laut *NOAA*[12] zehn der zwölf trockensten Winter weltweit im Mittelmeerraum gemessen.

Um den tatsächlichen Einfluss der Dürre bezüglich Ausmaß und Muster der Migration vor 2010 einschätzen zu können ist es allerdings nötig, Zusammenhänge mit anderen Migrationsauslösern zu berücksichtigen. Zwischen 2002 und 2008 schrumpften Syriens Wasserressourcen um die Hälfte, zumindest teilweise auch aufgrund von Übernutzung und Verschmutzung. Die Grundwasserressourcen werden seit Langem übernutzt. Kleinbauern und Landwirte sind deshalb stark von Regenbewässerung abhängig, was sie gegenüber Wetterextremen, Dürren und Niederschlagsvariabilität besonders empfindlich macht. Darüber hinaus führte das Missmanagement der alten und neuen Bewässerungssysteme zu einer graduell zunehmenden Bodenunfruchtbarkeit. Zusammenfassend kann man sagen, dass ökologische Herausforderungen in Syrien in der Tat zahlreicher geworden sind, dass dies aber auch durch das Fehlen politischer Einflussnahme der Regierenden bedingt war. Besonders die wirtschaftliche Entwicklung Syriens hat nicht unerheblich die Binnenmigration beeinflusst. Die zu schnell einsetzende Landflucht, bedingt durch die Modernisierung, hinterließ bleibende Spuren. Während die Landflucht von Arbeitskräften in urbane Räume die Produktivität der ländlichen Gebiete drosselte, stieg die Produktion in den Städten nicht schnell genug an, um eine gesunde Urbanisierung zu ermöglichen. Im Agrarsektor, der für ein Verständnis der Effekte einer Langzeitdürre am relevantesten ist, standen Landlose unter dem stärksten Druck, ihr Einkommen zu erarbeiten. Über die Jahre wurde saisonale Migration deshalb zu einer Überlebensstrategie.

4.7   Synergieeffekte und Strategien der Anpassung

Gelingt es, durch Klimapolitik den Klimawandel zu bändigen, werden damit auch Konflikt- und Migrationsursachen verringert. Bislang diente die Warnung vor Klimaflüchtlingen dazu, die Dringlichkeit von Klimapolitik zu begründen. Dies wurde während der Verhandlungen über den Klimavertrag von Paris 2015 deutlich: Die öffentlichen Repräsentanten begründeten das Klimaabkommen mit der Bedrohung durch massenhafte Klimaflucht. Für die französische Regierung diente dies als Handhabe, die europäische Verantwortung für die Vermeidung klimabedingter Migration zu unterstreichen, dementsprechend wurde in Paris eine *Task Force* zu klimabedingter Zwangsmigration ins Leben gerufen. In diesem Kontext wurde betont, dass vorbeugende Investitionen in Emissionsvermeidung und Klimaanpassung effizienter seien als nachsorgendes Katastrophen- und Migrationsmanagement.

Auch wenn die Vermeidung von Klimafolgen weiterhin die zentrale Aufgabe bleibt, kann die Anpassung an den Klimawandel einige Probleme in den betroffenen Ländern abschwächen. Damit die Last nicht allein bei den Betroffenen bleibt, ist die Unterstützung durch staatliche, aber vor allem durch die internationalen Verursacher und Institutionen dringend erforderlich.

4.8 Kurzzusammenfassung der Bevölkerungsentwicklungen

Die Ereignisse der Völkerwanderungen, die Ursachen der Fluchtbewegungen, haben wir an historischen und aktuellen Beispielen dargelegt. Laut *statista.com* lebten vom Jahr 0 bis 1000 ca. 300 Millionen Menschen auf der Erde. Seit etwa 1000 gibt es ein exponentielles Wachstum. Die Völkerwanderungen mit ihren begleitenden Vernichtungskriegen, die Pest in Europa, die Vernichtung der indigenen Völker Amerikas und die beiden Weltkriege hatten keinen merklichen Einfluss auf die Vermehrung der Weltbevölkerung. Sie beträgt Mitte 2018 etwa 7,7 Milliarden. Pro Sekunde begrüßen wir statistisch gesehen 2,6 zusätzliche Erdenbürger.

4.9 Wieviel Mensch verträgt die Welt?

Auf diese bedrückende Frage gibt es seit Jahrzehnten unterschiedliche Antworten aus allen Teilen der Gesellschaften. Die zahlreichen Publikationen konstatieren im Ergebnis eine mögliche Weltbevölkerung von 500 Millionen bis 20 Milliarden Menschen. Auf den ersten Blick erscheint diese Differenz völlig unseriös. Wir werden uns bemühen, Licht in dieses Dunkel zu bringen.

1972 erschien der erste Bericht an den *Club of Rome* unter dem Titel: *Die Grenzen des Wachstums.* Er sollte darauf aufmerksam machen, dass die Erde begrenzt und das von Ökonomen und Politikern angestrebte grenzenlose Wachstum nicht möglich sei. Der zentrale Schlusssatz des damaligen Berichts lautet: *Wenn die gegenwärtige Zunahme der Weltbevölkerung, der Industrialisierung, der Umweltverschmutzung, der Art der Nahrungsmittelproduktion und der Ausbeutung von natürlichen Rohstoffen unverändert anhält, werden die absoluten Wachstumsgrenzen auf der Erde im Laufe der nächsten hundert Jahre erreicht.* Die Analyse wurde von der Mehrheit der Kritiker als Prognose missverstanden und als unzutreffend kritisiert. Diese Realitätsverweigerung ist bis heute nicht überwunden; denn Wirtschaft und Politik wollen noch immer nicht zur Kenntnis nehmen, dass die weltweiten Ökosysteme von uns Menschen überfordert werden und dauerhaft nicht liefern können, was wir glauben zu benötigen. Deren Credo heißt bis heute: *Wachstum, Wachstum ...*

Laut Angabe der *UN-World-Population-Prospects* bevölkerten 1972 nur ca. 3,85 Milliarden Menschen unsere Erde. 1992 warnte Nafis Sadik, damals Exekutiv-Direktorin des Bevölkerungsfonds der Vereinten Nationen: *Das schnellste Bevölkerungswachstum seit Menschengedenken ist mit weitverbreiteter Armut und großen Entbehrungen verbunden. Gleichzeitig erleben wir, dass der Verbrauch von Rohstoffen ins Unermessliche steigt. Zusammengenommen stellen diese beiden Phänomene die ernsteste Bedrohung für die regionale wie für die globale Umwelt dar, seit es Menschen gibt.* Ihre Warnung vor einer herannahenden ökologischen Katastrophe ist heute noch aktueller als vor 25 Jahren, denn seither ist die Erdbevölkerung auf rund 7,7 Milliarden angewachsen. Bis zum Jahr 2050 wird die Zahl der Menschen laut *UN*-Berechnungen auf voraussichtlich knapp 10 Milliarden wachsen. Werden noch die heute lebenden Generationen den totalen Kollaps des Planeten erleben? Trotz der technischen Entwicklung in der Nahrungsmittelproduktion bleibt, bedingt durch die Vermehrung der Weltbevölkerung, die Anzahl der Hungernden und an Hunger Sterbenden seit Jahren auf dem furchtbaren Niveau von etwa einer Milliarde Menschen, das entspricht in etwa der gesamten Weltbevölkerung zu Beginn des 19. Jahrhunderts.

Wie viele Menschen kann die Erde nun ernähren, wie viele können auf ihr leben, ohne dass sie im Elend vegetieren müssen? Immer mehr Menschen werden sich immer weniger Ressourcen teilen müssen – vor allem dort, wo die meisten von ihnen leben: in Afrika südlich der Sahara, in den arabischen Ländern, in Lateinamerika, in Südost- und Südasien. Ban Ki Moon, Generalsekretär der Vereinten Nationen bis Dezember 2016, beklagte die ungleiche Verteilung von Lebensmitteln mit den Worten: *Wir haben für jeden genug zu essen und doch hungern etwa eine Milliarde Menschen.*

1994 entwickelten die Wissenschaftler Mathis Wackernagel und William E. Rees ein Konzept, das sich auf jedes Land und jede Person anwenden lässt. Sie gaben der neuen Rechengröße den Namen *ökologischer Fußabdruck*[13]. Aus der gesamten nutzbaren Fläche der Erde und der Anzahl der Menschen, die darauf lebt, wird berechnet, wie viel Fläche jedem theoretisch zusteht. Da die Weltbevölkerung ständig wächst, wurde diese Fläche in den vergangenen Jahren immer kleiner. Gleichzeitig steigt in vielen Ländern der Lebensstandard, der ökologische Fußabdruck wächst. Die weltweit benötigte Fläche hat die verfügbare längst überschritten: 1,7 Hektar stehen durchschnittlich pro Kopf zur Verfügung, aber 3,3 Hektar würden gebraucht. In einer Mitteilung des *WWF*[14] zum sogenannten *Earth Overshoot Day* (Weltüberlastungstag) hatten wir Menschen am 2. August 2017 alle natürlichen Ressourcen aufgebraucht, die die Erde innerhalb eines Jahres regenerieren und nachhaltig zur Verfügung stellen kann. Wir müssten also zurzeit, bei gleichbleibender Produktions- und Ernährungsweise, zwei Erden haben. Es gibt natürlich keine zweite Erde, dafür wächst aber die Weltbevölkerung exorbitant. Jeder Einzelne möchte ein menschenwürdiges Leben führen, nach den *Segnungen* und Vorbildern des westlichen Kapitalismus.

Die vorgenannten Zahlen spiegeln die Situation im August 2017 wieder. Die *Weltüberlastung* bei den erwarteten Zuwachsraten der Weltbevölkerung und der Konsumsteigerung wagt weder ein Wissenschaftler zu berechnen noch ein Politiker zu erwähnen. Aus diesem Teufelskreis gibt es bei gleichbleibendem Weltwirtschafts- und Politiksystem kein Entrinnen. Drei weitere Planeten wären nötig

Auszug aus einem Referat des Präsidenten des *World Watch Instituts* Lester Brown[15] anlässlich des Regionalseminars *Karibik* 2000: *Die Antwort darauf, wie viele Menschen die Erde ernähren kann, ist eine Frage: Auf welchem Konsumniveau? Hätten alle Menschen den Lebensstandard der Amerikaner, wären es vielleicht 2,5 Milliarden Menschen, für die die Ressourcen der Erde ausreichten. Hätten alle den Lebensstandard der Inder, dann könnten mit der gleichen Menge zehn Milliarden Menschen ernährt werden. Oder wenn z. B. in China die Motorisierung und damit der Ölverbrauch pro Kopf so hoch wäre wie in den USA, dann würde allein China 80 Millionen Barrel Öl pro Tag brauchen. Auf der ganzen Welt werden aber nur 66 Millionen Barrel am Tag gefördert. Der Konsum eines durchschnittlichen Amerikaners kann leicht zehn- bis zwanzigmal höher sein, als der eines durchschnittlichen Guatemalteken. Würden alle Menschen so leben wie die Amerikaner, bräuchten wir noch drei weitere Planeten wie die Erde, um sie zu ernähren.*

Im Angesicht der Apokalypse der Überbevölkerung und der damit verbundenen dramatischen Schäden für das gesamte Leben der Erde, ist die Passivität der *Vereinten Nationen* und jedes einzelnen Landes geradezu ein Verbrechen gegen alle Lebensformen unserer Erde. Sämtliche Voraussetzungen für Entwicklung und Erhalt von Leben, wie z. B. Boden, Trinkwasser, Meeren und Atmosphäre, sind von der Zerstörung betroffen.

Es ist uns nicht gelungen, eine verlässliche Antwort auf die Frage *Wieviel Mensch verträgt die Welt* zu geben. Selbst die Wissenschaft-

ler sind diesbezüglich im Ergebnis ihrer Untersuchungen und Erklä-
rungen verschiedener Ansicht. Die Unmöglichkeit sichere Prognosen über das Konsumentenverhalten und die gesellschaftlichen Veränderungen zu stellen, wird am Beispiel Asiens, besonders Chinas
und Südkoreas deutlich. Die enorme technische Entwicklung, sowie
die extreme Nutzung der Ressourcen und seiner Begleiterscheinungen, waren innerhalb der letzten 15 Jahre nicht vorhersehbar.

Im folgenden Kapitel widmen wir uns den Fragen, was die Existenzsicherung der heutigen Weltbevölkerung ermöglichen würde.

5   Brisanz der heutigen Arbeitsbedingungen

Von den aktuell ca. 7,7 Milliarden Menschen sind 65,9 Prozent arbeitsfähig.[1] Als *arbeitsfähig* gelten Personen zwischen dem 16. und 64. Lebensjahr, wobei auch individuelle Aspekte wie z. B. Gesundheit eine Rolle spielen. Von diesen ca. 5 Milliarden erwerbsfähigen Menschen sind etwa 3 Milliarden erwerbstätig. Nach Angaben der *OECD*[2] arbeiten weltweit mehr als die Hälfte von ihnen, nämlich 1,8 Milliarden, im informellen Sektor. Der *informelle Sektor* oder *alternativer Beschäftigungssektor* bezeichnet eine Schattenwirtschaft für Aktivitäten, die nicht staatlich registriert und kontrolliert sind und somit auch nicht über staatlichen Schutz oder Unterstützung wie Kranken-, Renten- oder Arbeitslosenversicherung verfügen. Als Folge von Massenarbeitslosigkeit und Unterbeschäftigung, vor allem in den Entwicklungsländern, ist eine wachsende Anzahl von Arbeitsuchenden bemüht, Tätigkeiten in der sogenannten *Schattenwirtschaft* aufzunehmen. Ihr Bestreben ist es, mit alternativen Beschäftigungen (z. B. als Schuhputzer, Müllsammler oder Straßenhändler) etwas Geld zum Überleben zu verdienen, vielleicht sogar aus dem Teufelskreis der Armut auszubrechen. In allen Entwicklungsländern gehört die Suche nach Beschäftigungsmöglichkeiten zu den Hauptproblemen der Bevölkerung, denn nur das durch eine beliebige Beschäftigung erreichbare Einkommen könnte helfen, dem Elend von Beschäftigungslosigkeit und Armut zu entkommen.

Aufgrund ihrer wirtschaftlichen Unterentwicklung besitzen die Länder der Dritten Welt nur eine sehr begrenzte Aufnahmefähigkeit des regulären Arbeitsmarktes in allen Wirtschaftsbereichen. Daher gibt es für die meisten Beschäftigungslosen kaum eine Chance, jemals einen Arbeitsplatz zu erhalten. Das trifft noch mehr für die Landbevölkerung dieser Länder zu. Deshalb wandern vor allem die

Jüngeren in die Städte ab. Sie hoffen, sich in der Stadt irgendwie nützlich machen zu können, um ein wenig Geld zum Überleben zu verdienen. In den Städten sind dafür die Voraussetzungen günstiger als im ländlichen Raum. Durch das rege Geschäftsleben oder auch durch den aufstrebenden Tourismus bieten sich Ihnen einfache Tätigkeiten, z. B. kann man auch mit einem relativ geringen Kapitaleinsatz Touristen mit einer Rikscha befördern oder eine Garküche betreiben. Darüber hinaus bieten auch die Durchführung von Kleinreparaturen, die Herstellung und der Verkauf eigener Produkte, insbesondere für Touristen, oder das Musizieren am Straßenrand bescheidene Möglichkeiten der Existenzsicherung. Gemeinsam ist all diesen Tätigkeiten, dass sie zumeist nur unkomplizierte Technologien nutzen, auf eigene Rechnung oder in Kleinstbetrieben bis zu neun Beschäftigten erfolgen, sehr arbeitsintensiv sind und keine besondere Qualifikation der Beschäftigten erfordern. Insgesamt ermöglichen sie häufig nur ein geringes Einkommen. Diese Art der Beschäftigung ist staatlicherseits zwar illegal (Schwarzarbeit), aber wegen des sozialen Friedens bei der anhaltend hohen Arbeitslosigkeit und der Armutsproblematik wird sie weder verfolgt noch verboten.

Global betrachtet, bildet der informelle Sektor für über 50 Prozent der arbeitenden Bevölkerung in den Entwicklungsländern die wichtigste Einkommensquelle und ist damit ein Ausdruck des Unterbeschäftigungsproblems. Unterteilt nach Kulturerdteilen ergibt sich aber ein differenzierteres Erscheinungsbild: Während in den Ländern Lateinamerikas je nach Land zwischen 11 und 59 Prozent der Erwerbstätigen auf dem Schattenmarkt beschäftigt sind, sind es in Süd- und Südostasien zwischen 34 und 60 Prozent, in Schwarzafrika südlich der Sahara sogar zwischen 33 und 84 Prozent. Gegenwärtig ist eher noch von einem Anstieg informeller Tätigkeiten auszugehen. Als Ursache dafür wird u. a. die fortschreitende Globalisierung der Weltwirtschaft angenommen, wobei es wiederum die wirtschaftlich Ausgegrenzten sind, die sich vor allem in diese Formen der Beschäftigung flüchten müssen.

Mehr als 700 Millionen informell Beschäftigte leben von weniger als 1,25 Dollar am Tag (dem derzeitigen Maß der Weltbank für absolute Armut) und rund 1,2 Milliarden stehen täglich weniger als 2 Dollar zur Verfügung. Das geht aus der Studie *Is Informal Normal?* hervor, die vom *OECD Development Center* in Paris veröffentlicht wurde. Eine Vielzahl anderer Studien hat indes nachgewiesen, dass die einseitige Profitmaximierung durch multinationale Konzerne, der gnadenlose Wettbewerb im Rahmen einer globalisierten Wirtschaft mit dem Ziel der Kostenminimierung, die Automatisierung des Produktionsprozesses und die Umverteilung des gesellschaftlichen Reichtums von unten nach oben maßgebliche Ursachen dafür sind, dass die Menschen überwiegend nur noch im informellen Sektor Arbeit finden. Nur 1,2 Milliarden hingegen haben Arbeitsplätze mit einem formalen Vertrag und mit sozialer Absicherung. Weltweit sind diese 1,2 Milliarden erwerbstätigen Menschen in den Wirtschaftssektoren Landwirtschaft (4 %), Industrie (32 %) und Dienstleistungen (64 %) tätig.[3] Die Beschäftigten in den Sektoren variieren in den Weltregionen extrem. So sind laut *statistika.com* EU-weit im Durchschnitt in der Landwirtschaft 4,52 %, in der Industrie 23,97 % und im Dienstleistungsbereich 70,91% tätig. In den USA: Landw. 1,62 %, Industr. 18,39 %, Dienstl.: 79,99 %. In Indien: Landw. 49,7 %, Industr.: 21,5 %, Dienstl.: 28,7 %.

Am Beispiel Deutschlands sind die Untersuchungen des *Instituts für Arbeit und Qualifikation* der *Universität Duisburg-Essen* (IAO)[4] und deren Ergebnisse, bezüglich BIP, Arbeitsproduktivität, Erwerbstätige, Arbeitsvolumen, und Arbeitszeit 1991–2016 für die Entwicklungen der letzten 25 Jahre in den Industriestaaten signifikant. Es zeigt sich, dass im Jahr 2016 das reale Bruttoinlandsprodukt (BIP) im Vergleich zum Jahr 1991 um 38,8 Prozent angewachsen ist und gleichzeitig die Produktivität je Erwerbstätigenstunde sogar um 41,8 Prozent höher lag. Im gleichen Zeitraum stieg die Zahl der Erwerbstätigen um 12,1 Prozent und die Arbeitszeit je Erwerbstätigem sank um 12,2 Prozent. Die Entwicklung der Reallöhne im vorgenannten Zeitraum (bis minus 20 % für Geringverdiener) sprechen in Verbindung mit dem Beschäftigtenverhältnis eine deutliche Sprache: massive Zunahme von prekären Arbeitsverhältnissen, Zeitverträgen, Minijobs und Leiharbeit. Nicht ansatzweise kam der erwirtschaftete Zuwachs der Arbeitsproduktivität den Beschäftigten zugute, das Gegenteil war der Fall.

Die *Deutschen Wirtschaftsnachrichten*[5] titelten: *Die Schande von Europa: Deutschland beutet seine Arbeiter aus (...) Der Niedriglohnsektor boomt in kaum einem europäischen Land so wie in Deutschland. Von einer sozialen Marktwirtschaft kann nicht mehr die Rede sein. Die deutschen Arbeiter bezahlen den Preis für die hemmungslose Globalisierung.*

Der schrittweise Untergang der sozialen Marktwirtschaft wird an der deutschen Lohnentwicklung besonders deutlich. Die Stichworte lauten: Lohnquote, Globalisierung, Niedriglöhne, Niedriglohnfalle, Aufstocker. Obwohl die Produktivität seit 2000 um rund 14 Prozent gestiegen ist, seit dem Jahr 1970 sogar um 85 Prozent, fällt die Entwicklung der Arbeitseinkommen besonders unsozial aus, wenn man sie mit den Unternehmens- und Vermögenseinkommen und deren Entwicklung vergleicht. Seit dem Jahr 2000 haben diese inflationsbereinigt um stattliche 30,3 Prozent zugelegt, während die Nettolöhne und Gehälter pro Arbeitnehmer sich bei minus 0,3 Prozent bewegten. Das wurde durch mehr Arbeitsdruck einerseits und durch immer mehr Automatisierungstechnik andererseits erreicht. Schließlich ist bei den Löhnen die zunehmend starke Differenzierung nach Leistungsgruppen zu berücksichtigen, die einen Großteil der

Arbeitnehmer mit einer wesentlich schlechteren Lohnentwicklung zurücklässt. Im internationalen Vergleich Westeuropas hatte Deutschland nach Griechenland zwischen den Jahren 2000 und 2013 die schlechteste Lohnentwicklung in Westeuropa, selbst verglichen mit den USA. Nach den letzten Zahlen von Eurostat hat Deutschland auch den höchsten Niedriglöhneranteil im westlichen Europa. Kein anderes Land ist bei den Arbeitseinkommen so gespalten und lässt eine Vertiefung dieses Risses immer noch weiter zu. Deutschland ist auch eines der Schlusslichter in der Entwicklung der Lohnstückkosten, die aus Lohnkosten und Entwicklung der Produktivität berechnet werden und seit dem Jahr 2000 um 3,5 Prozent gefallen sind, während sie beispielsweise in Frankreich um 2,5 Prozent stiegen.

Damit treibt Deutschland die Lohnspirale in der Eurozone immer mehr nach unten und trägt entscheidend zu der den Euro bedrohenden Auseinanderentwicklung der Eurozone bei. Besonders Frankreich als der wichtigste deutsche Partner hält mit Kritik nicht mehr zurück: Benoît Hamon, beigeordneter Minister für soziale Ökonomie und Solidarität, beklagte laut der *Deutschen Wirtschaftsnachrichten* im September 2013: *Ich möchte, dass Deutschland fair mit einem Wirtschaftsmodell spielt, das nicht auf einem Wettbewerb nach dem Prinzip gründet, wer kann den Arbeitnehmern die niedrigsten Löhne zahlen. Ich bin müde, Ermahnungen für Arbeitsmarktreformen zu hören, wenn einige Länder in Europa an den Beschäftigungsdirektiven der EU vorbeikommen und ihre Arbeitnehmer unterbezahlen. Ich möchte, dass Deutschland eine Sozialpolitik hat, wo die Wettbewerbsfähigkeit nicht von 400-Euro-Jobs abhängt. Wir lassen Arbeitnehmer zu 7 Euros gegen solche kämpfen, die 10, 11 oder 14 pro Stunde verdienen. Das kann nicht in dem gleichen Territorium funktionieren. Das ist nicht möglich. Das geht nicht.*

Die europäische Lohn- und Beschäftigungsentwicklung im Zeitraum der letzten 25 Jahre ist ähnlich verhängnisvoll. Laut einer Studie des *Wirtschafts- und Sozialwissenschaftlichen Institutes der Hans-Böckler-Stiftung*[6] vom 1. März 2016 über atypische Beschäftigung in Europa, ist ein kontinuierlicher Anstieg der prekären Beschäftigungsverhältnisse innerhalb der letzten 25 Jahre nachweisbar. Die von der unbefristeten Vollzeitarbeit (*Normalarbeitsverhältnis*) abweichenden Beschäftigungen werden als *Leiharbeitnehmer, befristet Beschäftigte, Solo-Selbstständige, geringfügig Beschäftigte* und *Teilzeitbeschäftigte* definiert. Ihr Anteil beträgt deutlich über ein Drittel aller Erwerbstätigen. Über die Ursachen berichtet die Studie: (…) *Die Zunahme atypischer Beschäftigungsverhältnisse ist Folge eines strukturellen Wandels der nationalen Arbeitsmärkte. Dieser Wandel geht einher mit grundlegenden Trends wie der Globalisierung, dem verschärften Wettbewerb der auf internationalen Märkten agierenden Unternehmen, dem technologischen Wandel und Flexibilisierungsanforderungen durch neue Organisationsformen, den demografischen Veränderungen und der steigenden Frauenerwerbstätigkeit, dem sektoralen Wandel hin zum Dienstleistungssektor bzw. dem Rückgang der Beschäftigung in der Industrie, einer zunehmenden Privatisierung und Vermarktlichung und schließlich einer insgesamt abnehmenden Macht der Gewerkschaften. (…)*
Mehr als ein Drittel der europäischen Erwerbstätigen arbeiten inzwischen in *atypischen Beschäftigungsformen*, Tendenz steigend. Die *WirtschaftsWoche* berichtete in der Ausgabe vom 19. Mai 2015,[7] dass die Zahl unbefristeter Festanstellungen immer weiter zurückgehe, auch in den Industrienationen. *Gerade einmal 26,4 Prozent der Beschäftigten weltweit gehen einem unbefristeten Job nach, so die Zahlen des World Employment and Social Outlook 2015, den die internationale Arbeitsorganisation (ILO) zum ersten Mal herausgegeben hat.*[8] *Außerdem waren Ende 2014 200 Millionen Menschen ohne Job,*

30 Millionen mehr als vor Beginn der globalen Finanzkrise 2008. Der Trend zu stabilen Arbeitsplätzen geht laut *ILO* überall zurück: *In einigen Fällen können nicht-standardisierte Formen von Arbeit helfen, dass Menschen überhaupt Zugang zum Arbeitsmarkt finden. Diese aufkommenden Trends spiegeln aber vor allem die weitverbreitete Unsicherheit wider, der viele Arbeitnehmerinnen und Arbeitnehmer heute ausgesetzt sind,* sagte *ILO*-Generaldirektor Guy Ryder. Die Unsicherheit besteht bei allen betroffenen Menschen, die Angst haben, keinen Arbeitsplatz zu finden, der ihnen ein menschenwürdiges Dasein ermöglicht.

Nach den vorliegenden Berichten haben weltweit nur etwa ein Viertel der abhängig Beschäftigten eine sichere bezahlte Erwerbstätigkeit. Von den ermittelten 1,2 Milliarden Menschen mit einem formalen Vertrag und mit sozialer Absicherung arbeiten global demnach gerade einmal knapp 317 Millionen in einem unbefristeten Job. Hinsichtlich der aktuellen 7,7 Milliarden Weltbürger, der fast einen Milliarde Hungernden und einer exorbitanten Vermehrung der Weltbevölkerung sind diese Zahlen hochexplosiv. Ohne weltumspannende Veränderungen, die zur Nahrungssicherheit der Individuen führen, drohen hier gewaltsame Auseinandersetzungen um die lebensnotwendige Nahrung.

Die vorliegenden Zahlen und Berichte sind erschreckend. Die Politik steht diesen Tatsachen ohnmächtig und ohne jegliche Zukunftsperspektive gegenüber. Durch die Macht der globalen Eliten erreichen reformistische Ideen nicht die Öffentlichkeit. Auch die *Vereinten Nationen* vermögen, gefesselt durch die Vetomächte, trotz zahlreicher Entwicklungsprogramme daran nichts Grundlegendes zu ändern. Das neokapitalistische Wirtschaftssystem, das die Welt umspannt und die Völker in abhängiger Sklaverei hält, befeuert den Konkurrenzkampf um Arbeit und damit den Kampf um Nahrung und Überleben.

Im folgenden Kapitel wird die unheilvolle Verbindung und Wechselbeziehung zwischen Kriegen und dem Streben nach Ressourcen in aller Deutlichkeit dargestellt. Wir werden bewusst machen, dass die Menschheit ohne die von der herrschenden Klasse erdachten und bis heute angewendeten Methoden ein Leben führen könnte, das nicht von Krieg, Vertreibung, Hunger, Elend, Ausbeutung und frühzeitigem Tod geprägt ist.

6   Das Kriegsvölkerrecht – Historie und Auswirkungen

6.1   Gesetzgebungen

Als *Kriegsvölkerrecht* werden zusammenfassend zwei verschiedene Aspekte des internationalen öffentlichen Rechts bezeichnet. Zum einen zählt zu diesem Bereich des Völkerrechts das *Recht zum Krieg* (ius ad bellum), also Fragen bezüglich der Legalität des Führens eines Krieges. Zum anderen gehört zum Kriegsvölkerrecht auch das *Recht im Krieg* (ius in bello), also Regeln zum Umgang mit Kombattanten, Nichtkombattanten, Kulturgut und andere Vorschriften, die die mit einem Krieg verbundenen Leiden und Schäden vermindern oder auf ein unvermeidbares Maß beschränken sollen. Dieser Teil wird zusammenfassend auch als *Humanitäres Völkerrecht* bezeichnet.

Allein die Bezeichnung *Humanitäres Völkerrecht* mit Kriegen in Verbindung zu bringen, ist ein Widerspruch in sich. Nichts, was mit Krieg in Verbindung steht, kann humanitär sein. Es ist ein Verbrechen gegen die Menschen und gegen die Menschlichkeit.

Kriege sind heute grundsätzlich völkerrechtswidrig. Dies ergibt sich aus Artikel 2 Ziffer 4 der Charta der *Vereinten Nationen*. Diese Vorschrift lautet: *Alle Mitglieder unterlassen in ihren internationalen Beziehungen jede gegen die territoriale Unversehrtheit oder die politische Unabhängigkeit eines Staates gerichtete oder sonst mit den Zielen der Vereinten Nationen unvereinbare Androhung oder Anwendung von Gewalt.*

Bis zum Ende des 1. Weltkrieges galt der Einsatz von Streitkräften nicht als illegaler Akt, sondern eher als akzeptables Mittel zur Beilegung von Differenzen. Zu den Bestrebungen zur Kriegsächtung zählen die *Satzung des Völkerbundes* von 1919 und der *Vertrag von Paris* von 1928.[1] Die Annahme der Charta der *Vereinten Nationen* im Jahre 1945 bestätigte diese Tendenz: *Alle Mitglieder unterlassen in ihren internationalen Beziehungen jede Androhung oder Anwendung von Gewalt.*

Im Falle eines Angriffs eines oder mehrerer Staaten durch einen oder mehrere andere Staaten sieht die Charta jedoch das Recht auf individuelle oder kollektive Selbstverteidigung vor. Auch der *UN*-Sicherheitsrat kann auf der Grundlage von Kapitel VII der Charta den Einsatz kollektiver Maßnahmen beschließen. Dazu gehören:

- Zwangsmaßnahmen – mit dem Ziel, den Frieden wiederherzustellen – gegen einen Staat, der die internationale Sicherheit bedroht.
- Friedenserhaltende Maßnahmen in Form von Beobachtern oder friedenssichernden Missionen.

Aus den Rahmenbedingungen des Rechts der Völker auf Selbstbestimmung erwächst eine weitere Instanz: Gemäß der im Jahre 1965 von der *UN*-Generalversammlung angenommenen Resolution 2105 (XX) *ist die Rechtmäßigkeit von Bemühungen zur Erzwingung des Rechts auf Selbstbestimmung und Unabhängigkeit der Völker unter kolonialer Herrschaft anerkannt.*[2]

Soweit die Definitionen in Kurzform über das international geltende Kriegsvölkerrecht sowie das Recht der Völker auf Selbstbestimmung. Es sollte vor allem die durch den Krieg verursachten Schäden und das Leiden der Zivilbevölkerung mindern und außerdem die Jahrhunderte andauernde Ausbeutung durch die Kolonialmächte beenden, die aber bedauerlicherweise bis heute nicht beendet ist. Zu den Abhängigkeiten und der Ausbeutung der ehemaligen Kolonialvölker kommen wir noch.

Dieses sogenannte *Humanitäre Völkerrecht* kommt weltweit in keiner Weise in den Kriegs- und Krisengebieten zur Anwendung. Die Schäden durch modernste Vernichtungsmittel steigern sich apokalyptisch und das Leiden der Zivilbevölkerung hat unvorstellbare Dimensionen erreicht. Durch die Medien werden uns die Kriege im Jemen, in Syrien, in Afghanistan und Zentralafrika als Kampf gegen islamistische Terroristen und Aufständische, die gegen bestehende Rechtsordnungen revoltieren, präsentiert. Die Wahrheit ist eine andere. Die Wirtschaftsinteressen der Eliten sind global deutlich an den geopolitischen Konfliktlinien zu erkennen. Fast ausnahmslos sind die Ursachen der weltweiten kriegerischen Auseinandersetzungen Ressourcenkonflikte – verursacht und gesteuert von der Wirtschaftselite mit Hilfe und Unterstützung der von ihr kontrollierten politischen Klasse.

Wien im Februar 2017: Der Schweizer Konfliktforscher Daniele Ganser[3] will der Öffentlichkeit bewusst machen, dass es sich bei den Kriegen in Libyen, Irak und Afghanistan um *Peak-Oil-Phänomene*[4] handelte. Er interpretiert die Kriege, die in den vergangenen 15 Jahren im Mittleren Osten und Nordafrika geführt wurden, als *Kriege zur Aneignung von* (fossilen) *Ressourcen* und fordert die europäischen Bürger auf, sich dessen bewusst zu werden: *Wenn wir den Irak-Krieg, den Afghanistan- und den Libyen-Krieg als Peak-Oil-Phänomene interpretieren, kommen wir zu gänzlich unterschiedlichen Schlüssen. Dann kommen wir auch darauf, dass der Rückgang der Erdölproduktion ein noch viel umfangreicheres Problem darstellt, als üblicherweise diskutiert wird*, sagte Ganser am 17. Februar 2017 am Rande einer in Wien stattfindenden Tagung. Der gelernte Historiker, der das *Swiss Institute for Peace and Energy Research* in Basel leitet, nahm an einer Konferenz zum sogenannten *Peak-Oil* teil. Auch europäische Staaten beteiligen sich an diesen Ressourcenkriegen, *die man eigentlich Peak Oil-Kriege nennen sollte. Aber wir trauen uns fast nicht, darüber zu sprechen.* Europäische Länder seien in unterschiedlichen Rollen und in unterschiedlicher Intensität Bestandteil der kriegführenden Koalitionen, in der Öffentlichkeit werde der Einsatz aber mit dem Kampf gegen Massenvernichtungsmittel oder einem Engagement für Demokratie begründet. Zitat eines deutschen Verteidigungsministers: *Die Sicherheit Deutschlands wird auch am Hindukusch verteidigt.*[5]

Wenn solches Denken Schule macht, müssen wir uns Gedanken darüber machen, wer wohl zukünftig an den ca. 80 Milliarden Tonnen Braunkohle interessiert sein könnte, die noch in Deutschlands Erde lagern. Da anzunehmen ist, dass dem ehemaligen Minister Peter Struck diese *Sicherheitsgedanken für Deutschland* nicht selbst eingefallen sind, dürfte die Quelle in seinem Beraterstab zu finden sein. Wer berät aber einen deutschen Verteidigungsminister? Natürlich ein Expertenteam, das von Geopolitik und Wirtschaft etwas versteht!

Bis zum heutigen Tag hat sich an der Denk- und Handlungsweise der deutschen Außenpolitik seit den Ausführungen von Struck im Jahre 2002 nur insofern etwas verändert, dass Deutschland seit 2011 eine Berufsarmee hat, die sich global an den Brennpunkten der Welt befindet, um die *Sicherheit Deutschlands* zu verteidigen. Laut *bundeswehr.de* verteidigt Deutschland seine Außengrenzen aktuell in Italien, Kosovo, Griechenland, Türkei, Libanon, Syrien, Irak, Afghanistan, Sudan, Südsudan, Libyen, Westsahara, Mali, am Horn von Afrika und im Mittelmeer.

Die deutschen Soldaten sind in diesen Ländern, weil Deutschland seine Ressourceninteressen damit hervorhebt und beansprucht. Über die Medien wird aber versucht, geopolitische Fachkenntnis und Engagement zu vermitteln. Wir müssen unsere Politiker daran hindern, öffentliche Ämter für die Wahrung rein industrieller Interessen zu missbrauchen. Sie treiben uns durch ihr Handeln direkt in Konflikte und Kriege um Rohstoffe.

Er wolle nicht ausschließen, so Daniele Ganser, dass auch die Terroranschläge vom 11. September 2001 in den USA im Kontext des zu Ende gehenden Öl-Zeitalters zu sehen seien. Neben der offiziell akzeptierten Version einer Verschwörung durch 19 Terroristen bestehe auch die Möglichkeit, dass die Anschläge bewusst zugelassen (*LIHOP*)[6] oder in den USA selbst inszeniert worden seien (*MIHOP*)[6], mit dem Ziel, das Land in einen Krieg zu führen.

Um die Ursachen und Zusammenhänge der heutigen globalen Machtverhältnisse zu verstehen, ist die Kenntnis der Vergangenheit unerlässlich. Ein Streifzug durch die zurückliegenden Jahrhunderte soll uns die Gegenwart der heute noch herrschenden Ausbeutungsverhältnisse erklären.

6.2   Krieg und Knechtschaft

Die Liste der registrierten Kriege der Menschheitsgeschichte – von der Antike über das Mittelalter bis in unsere heutige Zeit – ist lang. Wenn man sich mit der einzelnen kriegerischen Auseinandersetzung befasst, waren und sind die Grausamkeiten unvorstellbar. Im Laufe der Vergangenheit ist es ständig zu Kriegen zwischen Staaten, Kulturen und Weltanschauungen gekommen.

Die ersten dokumentierten Kriegshandlungen sind der Feldzug des altägyptischen Königs Aha gegen die Nubier um 3000 v. Chr. und die Kriege zwischen den frühen Stadtstaaten um Kisch, Uruk, Lagasch und um die letztendlich siegreiche Stadt Ur um 2800 v. Chr. Die Auseinandersetzungen fanden in Mesopotamien (Vorderasien) statt, dem Land zwischen Euphrat und Tigris. Die Berichte über die Jahrhunderte andauernden Kriegshandlungen Roms füllen ganze Bibliotheken. Das *Römische Reich* hat die *Kriegskunst* perfektioniert. Seine überlegene Ausrüstung, intensive Ausbildung und Disziplin im Gefecht, aber auch die taktische Flexibilität bildeten einen wesentlichen Faktor für die Expansion Roms.

Kriege und kriegerische Auseinandersetzungen zogen sich wie ein roter Faden durch die Jahrhunderte bis in unsere heutige Zeit. Seit der Antike war militärische Bewährung das wichtigste Mittel des Adels zur Herrschaftslegitimation. Das galt besonders für den niederen Adel (Rittertum).

Vom Früh- bis zum Spätmittelalter waren nichtmilitärische Mittel der Streitschlichtung unbekannt. Recht und Gerichtswesen waren wenig entwickelt oder ineffektiv. Der Krieg, institutionalisiert in Form des Fehdewesens, stellte das am häufigsten gewählte Mittel zur Durchsetzung politischer und ökonomischer Interessen dar. In der Zeit der vermehrten Länder- und Staatenbildung, der *Frührenaissance* (etwa ab Mitte des 15. Jahrhunderts) bis zum Beginn der Kolonialzeit (ca. ab Mitte des 16. Jahrhunderts) entwickelten sich allmählich staatliche Gewaltmonopole.

Länderübergreifende Kriege, z. B. durch das gewaltsame Vordringen der Osmanen nach Europa, die Italienkriege und der russisch-schwedische Krieg am Ende des 15. Jahrhunderts verdeutlichen die Territorialansprüche um Grenzen und Gebiete der herrschenden Klasse.

An den folgenden Beispielen wird deutlich, mit welcher Brutalität und Menschenverachtung die Adelshäuser Europas und der übrigen Welt ihre Machtansprüche durch Kriege, Knechtschaft und Ausbeutung zu legitimieren suchten.

Die 1517 beginnende Reformation, ausgelöst durch Martin Luther und die damit einhergehende Abspaltung der protestantischen von der katholischen Kirche, war einer der maßgeblichen Gründe für die Bauernkriege in Deutschland (1524–1526) und den später ausbrechenden *Dreißigjährigen Krieg*. Die Gründe für den Aufstand der Bauern waren Not, soziales Elend sowie Willkür der Grund-, Leib- und Gerichtsherren.

Die Bauern trugen die Hauptlast zur Aufrechterhaltung der Feudalgesellschaft: Fürsten, Adel, Beamte, Patrizier und der Klerus lebten von deren Arbeitskraft und da die Zahl der Nutznießer immer weiter anstieg, stiegen auch die Abgaben, die die Bauern zu leisten hatten. Wirtschaftliche Probleme, häufige Missernten und der große Druck der Grundherren führten immer mehr Bauern in die Hörigkeit und weiter in die Leibeigenschaft, aus der wiederum zusätzliche Pachten und Dienstverpflichtungen resultieren.

Der Aufstand der Bauern, hauptsächlich in Süddeutschland, wurde in mehreren Schlachten blutig niedergeschlagen. Die Schlacht bei Frankenhausen am 15. Mai 1525 war eine der bedeutendsten Ereignisse während des Bauernkrieges. In ihr wurden die aufständischen Bauern Thüringens unter Führung von Thomas Müntzer, einem Weggefährten Martin Luthers, von einem Fürstenheer vollständig besiegt. Müntzer selbst wurde gefangen genommen und am 27. Mai in Mühlhausen enthauptet, nachdem er auf die Festung *Heldrungen* gebracht und gefoltert worden war. Die überlebenden Aufständischen fielen in *Reichsacht* (Fried- und Rechtloserklärung) und verloren damit alle ihre staatsbürgerlichen, privaten und Lehnsrechte – sie waren somit vogelfrei. Die Anführer wurden mit dem Tode bestraft. Unterstützer der Aufstände mussten die Grausamkeit der Strafgerichte der Landesherren fürchten. Viele Berichte sprechen von Enthauptungen, Augenausstechen, Abschlagen von Fingern und weiteren Misshandlungen. Die Niederlagen der Bauern legten den Grundstein für Vermögenszuwächse bei den siegreichen adligen Heerführern. Große Ländereien in Oberschwaben wechselten die Eigentümer. Selbst die Besoldung der vom Adel eingestellten Landsknechte hatten die Besiegten zu übernehmen.

Der unter dem Namen *Dreißigjähriger Krieg* bekannte Krieg dauerte von 1618 bis 1648 und wurde größtenteils auf dem Gebiet des *Heiligen Römischen Reichs Deutscher Nation* ausgetragen. Seine Brutalität, die lange Dauer, das unsägliche Leid der Zivilbevölkerung und die mit dem Krieg einhergehenden Hungersnöte und Seuchen stellten alles bis zu diesem Zeitpunkt Dagewesene in den Schatten und entvölkerte manche Landstriche zu fast 70 Prozent.

Die Konfrontation war einerseits ein Glaubenskrieg zwischen der *Katholischen Liga* und der *Protestantischen Union*, gleichzeitig aber auch ein Kampf um die Vorherrschaft im *Heiligen Römischen Reich* zwischen dem Habsburger Kaiser und mehreren Landesfürsten im Inneren sowie zwischen dem Reich und den europäischen Widersachern wie Frankreich, Dänemark und Schweden im Äußeren. Das Trauma des *Dreißigjährigen Krieges*, sein unsägliches Leid für die gesamte Bevölkerung, ist bis heute in Deutschland unvergessen.

Das bedrückende und meist sehr kurze Leben der vom Wohlwollen des Adels abhängigen Menschen in diesen Jahrhunderten wird durch einen Exkurs zum Feudalismus verständlicher.

6.2.1 Feudalismus

Mit dem Begriff *Feudalismus* werden die im europäischen Mittelalter herrschenden politischen, gesellschaftlichen und wirtschaftlichen Bedingungen bezeichnet, die etwa gegen Ende des 19. Jahrhunderts entstanden. Das wesentliche Merkmal des Feudalismus war, dass eine kleine Oberschicht (der hohe Klerus[7] und der Adel) über die breite Masse (die Bauern und einfachen Bürger) herrschte und sich an ihr bereicherte.

Das Leben der Menschen im Mittelalter war durchgängig in allen Lebensbereichen vom Feudalismus geprägt. Der Begriff stammt vom lateinischen *feudum* ab, das übersetzt *Lehen* bedeutet. Über

Lehnsverhältnisse wurde die Leihgabe von Land eines Adligen an einen meist ebenfalls dem Adel angehörenden Grundherrn geregelt. Die Bezeichnung *Feudalismus* etablierte sich in Frankreich im Zusammenhang mit der *Französischen Revolution,* die sich gegen die Ausbeutung der einfachen Bauern, Handwerker und Arbeiter durch das System wandte. In Deutschland wurde der Ausdruck *Feudalismus* erst im 19. Jahrhundert durch die Schriften von Karl Marx publik, der dieses Herrschaftssystem in seinem Werk *Das Kapital* beschrieb und den Feudalismus als Vorstufe des Kapitalismus einstufte. Die Grundbedingung für die Entstehung des Feudalismus im Frühmittelalter war der Zerfall des *Römischen Reiches* im 6. Jahrhundert. Er führte zur Verschmelzung von sich zurückbildenden antiken und aufblühenden germanischen Gesellschaften. Nach den Völkerwanderungen entstanden zahlreiche germanische Königreiche in den ehemals römischen Gebieten. Durch Kriege der Königreiche untereinander gerieten die Bauern nach und nach in Abhängigkeit und neue Herrschaftsstrukturen bildeten sich. Die vormals freien Bauern waren nun nicht mehr Eigentümer des Landes, das sie bewirtschafteten, sondern nur noch Pächter.

6.3 Lehnswesen

Das Lehnswesen und die Grundherrschaft sind die wichtigsten Bausteine des Feudalismus als politisches, wirtschaftliches und soziales System. Über das Lehnswesen war das Verhältnis zwischen dem Lehnsnehmer (dem Vasallen) und dem Lehnsgeber (dem Lehnsherrn) geregelt.

Die Lehnsnehmer rekrutierten sich zumeist aus den Reihen des schon grundbesitzenden niederen Adels. Dieser stellte zum großen Teil die Ritterschaft. Da deren eigener Grundbesitz oft zu klein war, um die hohen Kosten auszugleichen, die der Ritterstand mit sich brachte, begaben sie sich in das Lehnsverhältnis. Im Gegenzug für die Nutzungsmöglichkeit des Lehens verpflichteten sich die Vasallen zu Dienstleistungen gegenüber dem Lehnsherrn und sicherten ihm die Beteiligung an den Erträgen des Landes zu. Zu den Dienstleistungen gehörten Verwaltungsaufgaben aber auch die Erbringung von Kriegsdiensten bei Angriffskriegen und im Verteidigungsfall. Der Lehnsherr blieb jedoch der rechtliche Eigentümer von Grund und Boden und übertrug lediglich seine Rechte – zumeist auf Lebenszeit – an den Vasallen. Beide waren zur gegenseitigen Treue und Achtung verpflichtet.

Auf eine einfache Formel gebracht war das Lehnsverhältnis eine Vereinbarung zum beiderseitigen Nutzen, die sich mit *Schirm und Schutz* seitens des Lehnsherrn und *Rat und Hilfe* seitens des Vasallen umschreiben lässt. Das System des Lehnswesens setzte sich bis in die Spitze der Aristokratie fort. Der jeweilige Herrscher, der König oder Kaiser, war als eigentlicher Eigentümer allen Landes zugleich der oberste Lehnsherr und vergab Lehen an die Herzöge oder Fürsten, die ihrerseits wiederum Lehen an die Mitglieder des niederen Adels vergaben.

6.4   Grundherrschaft

Das System der Grundherrschaft funktionierte im Prinzip ähnlich wie das des Lehnswesens. Auch hier stellte ein Vertragspartner dem anderen Land zur Bewirtschaftung zur Verfügung. Der entscheidende Unterschied lag in den grundsätzlichen Besitzverhältnissen. Während der Vasall zumindest etwas eigenes Land besaß, war dem Bauern, der sich in Abhängigkeit zu seinem Grundherrn befand, der Ankauf von eigenem Land untersagt. Darüber hinaus musste der

Bauer weitere Verpflichtungen eingehen. So war er seinem Grundherrn zu Dienstleistungen auf dessen Land verpflichtet, die immer vorrangig zu erledigen waren. War beispielsweise Erntezeit, mussten die Felder des Grundherrn zuerst abgeerntet werden, was je nach Witterungsverhältnissen nicht unproblematisch für das Einbringen der eigenen Ernte des Bauern war. Darüber hinaus waren die Bauern ebenfalls in der Pflicht, einen Teil ihrer erwirtschafteten Erträge aus Ackerbau und Viehzucht an den Grundherrn abzuführen. Zusätzlich zu diesen Abgaben mussten die Bauern den sogenannten *Zehnt* ihrer Einkünfte an den Klerus (Kirche) abführen. Häufig waren es jedoch weit mehr als zehn Prozent, denn die Höhe der Zahlung war festgelegt und auf Schwankungen bei den Einnahmen aus der Ernte wurde keine Rücksicht genommen. Die Bauern waren nicht nur in Bezug auf ihre Existenzsicherung abhängig, sie unterlagen auch der Gerichtsbarkeit der Grundherren, die diese auch bei eigenen Streitfällen ausübten. Daneben hatten die Grundherren weitere Rechte, die die Selbstbestimmung der Bauern massiv einschränkten, wie etwa das Recht, heiratswilligen Bauern eine Eheschließung zu untersagen oder das Recht der Aufenthaltsbestimmung. So war es den Bauern unter Androhung von drakonischen Strafmaßnahmen untersagt, das Land gegen den Willen der Grundherren zu verlassen.

6.5 Leibeigenschaft und Hörigkeit

Die Leibeigenschaft bezeichnet eine im Mittelalter weitverbreitete persönliche Abhängigkeit der Bauern von ihren Grundherren, die Erbuntertänigkeit stellt dabei eine besonders strenge Variante dar. Leibeigenschaft wurde durch die Geburt begründet, ausschlaggebend war der Stand der Mutter. Hatte ein Witwer Kinder aus mehreren Ehen, konnte dies sogar zur Wegnahme von Kindern führen. Die leibeigenen Bauern bewirtschafteten Höfe, die ihren Grundherren gehörten, und mussten dafür Pacht (Gült) zahlen. Daneben mussten sie ihm einen Zehnt, den zehnten Teil ihrer Erträge zahlen und waren zu Frondiensten verpflichtet.

Im Gegensatz zu Hörigen, bei denen die Abgaben- und Fronpflichten an das bewirtschaftete Gut gebunden waren, waren sie bei Leibeigenen personengebunden. *Freie* konnten in Unfreiheit geraten. Die *Verjährung des freien Standes* trat ein, wenn sich ein *Freier* in einer Gegend niederließ, wo die ländliche Bevölkerung leibeigen war. Selbst frei geborene Kinder wurden leibeigen, wenn ihre Eltern leibeigen wurden.

Wer sich als *Freier* nicht mehr wirtschaftlich halten konnte, konnte sich freiwillig in Leibeigenschaft begeben. Um Wirksamkeit zu erlangen, musste diese Erklärung in einem *Ergebebrief* schriftlich abgegeben werden. Auch Masseneide nach vorgefertigten Mustern kamen vor, mit denen Untertanen sich verpflichteten, *sich dem Leibherrn mit Leib und Gut nicht zu entfremden.*

In Ausnahmefällen kam es zum Austausch von Leibeigenen zwischen einzelnen Leibherren, insbesondere in angrenzenden Territorien. Ein Wechsel kam auch auf Initiative von Leibeigenen vor, meist wenn sie heiraten und deshalb wegziehen wollten, aber kein Geld für einen Freikauf hatten. Leibeigene konnten mit Gütern und auch einzeln verkauft werden. Meist verkaufte verarmender niedriger Adel Leibeigene an solventen höheren Adel.

Die Herrschaften konnten Leibeigene kaufen, verkaufen und tauschen. Dies bedeutet aber nichts anderes, als dass die gegenseitigen Verpflichtungen auf die neue Leibherrschaft übergingen, denn der Leibeigene blieb in der Regel auf seinem angestammten Hof. Lediglich bezüglich der Heiratsbeschränkungen machte sich der Besitzwechsel bemerkbar.

Der Grundherr bestimmte auch, wen der Leibeigene heiraten durfte und nur nach seiner Genehmigung war es diesem erlaubt, die Hofstelle zu verlassen. Geflüchtete wurden gesucht und in der Regel mit Gewalt wieder zurückgebracht. Nur wenn es einem Bauern gelang, das Territorium einer Stadt zu erreichen und dort dauerhaft Aufnahme zu finden, entkam er der Rechtsprechung der Grundherren. Aus diesem Zusammenhang stammt auch der Satz *Stadtluft macht frei*. Grundherren waren der hohe und niedrige Adel, Klöster, Fürstbistümer, kirchliche Stifte und sogar Städte.

Als *Hörige* wurden mittelalterliche Bauern (seltener auch andere soziale Gruppen, beispielsweise Waldschmiede oder andere Handwerker) auf Herrenhöfen bezeichnet, die sich in Abhängigkeit von einem Grundherrn (z. B. Ritter) befanden. Die Hörigkeit wurde an die Kinder vererbt.

Hörige waren unfrei und bestimmten Beschränkungen unterworfen. Sie konnten bewegliches Eigentum besitzen, jedoch keinen Grundbesitz erwerben und waren an Land gebunden (Schollenpflicht), das einem Grundbesitzer (Adel oder Kirche) gehörte, der auch die niedere Gerichtsbarkeit über sie innehatte. Sie bearbeiteten das Land mit der Verpflichtung zu unterschiedlichen Abgaben und Frondiensten an den Grundherrn, die meist auf bzw. an Fronhöfen (Salhöfen) geleistet wurden. Im Gegenzug sollte sich der Grundherr zum Schutz der Hörigen und zu ihrer Fürsorge verpflichten.

Das Land und die es bearbeitenden unfreien Bauern bildeten eine untrennbare Einheit, die nicht aufgelöst werden konnte. Das heißt, Land konnte nicht gesondert von den Bauern veräußert werden und umgekehrt.

Das feudale System sah eine Differenzierung der Bauern in *Freie*, *Minderfreie* (wie Hörige) und *Leibeigene* vor. Im Frühmittelalter war die Anzahl der freien Bauern noch relativ hoch. Dies änderte sich im

Laufe der Jahrhunderte durch zahlreiche Kriege der Königreiche und Fürstenhäuser untereinander sowie durch Missernten und Seuchen. Viele Bauern wurden in kriegerische Auseinandersetzungen gezwungen und waren dadurch nicht mehr in der Lage, ihr Land zu bestellen. Weitere Gründe für die ökonomische Not der Bauern waren Missernten und auch Seuchen, die die Anzahl der helfenden Hände auf den Höfen durch Hungersnöte beeinträchtigte und durch Todesfälle dezimierte. Um ihr Überleben zu sichern, begaben sich die ehemals freien Bauern in die Abhängigkeit zu Grundherren.

Die Leibeigenschaft und Hörigkeit großer Teile der damaligen Gesellschaft war eine menschenverachtende Form der Abhängigkeit und Sklaverei, die nahezu 1000 Jahre von den sogenannten *Grundherren*, hauptsächlich von Adel und Klerus, praktiziert wurde. In Deutschland wurden Leibeigenschaft und Hörigkeit durch die *Bauernbefreiung* im 19. Jahrhundert (1848) aufgehoben.

6.6 Kolonialismus – Ausbeutung – Sklavereien

Als *Kolonialismus* wird die meist staatlich geförderte Inbesitznahme auswärtiger Territorien und die Unterwerfung, Vertreibung oder Ermordung der ansässigen Bevölkerung durch eine Kolonialherrschaft bezeichnet. Der Begriff leitet sich aus dem lateinischen *Colonia* ab und bedeutet so viel wie *Niederlassung/Ansiedlung*.
Seit den Amerikareisen von Christoph Kolumbus zum Ende des 15. Jahrhunderts bildeten europäische Mächte Kolonialreiche in Übersee, zunächst Spanien und Portugal, bald auch die Niederlande, Großbritannien und Frankreich. Kolonialismus ging mit der europäischen Expansion einher. Am Wettlauf um die koloniale Aufteilung Afrikas im 19. Jahrhundert waren schließlich auch Belgien,

Italien und Deutschland beteiligt. Russland versuchte vor allem in Asien zu expandieren und an der Wende zum 20. Jahrhundert kamen die USA und Japan als Kolonialmächte hinzu. Neben wirtschaftlichen Gewinnerwartungen und der Sicherung künftiger Rohstoffbasen, spielten Machtrivalität und Prestigefragen unter den Motiven, die den Kolonialismus im Zeitalter des Imperialismus vorantrieben, eine wichtige Rolle.

Kolonien entstanden aus der Landnahme durch Besetzung bzw. militärische Eroberung oder vertragliche Vereinbarungen mit den Landesautoritäten. Sie entwickelten sich häufig aus der Gründung von Handelsniederlassungen, Militärstützpunkten oder Siedlungen von Migranten. In den Geschichtswissenschaften beschreibt der Begriff *Kolonialismus* in der Regel das Bestreben einiger europäischer Staaten, neue Siedlungs- und Wirtschaftsräume zu erschließen und die eigene Machtbasis auszuweiten. Dies stellt eine erste Stufe der Globalisierung der Gewalt unter europäischen Vorzeichen dar.

Diese Epoche, die mit dem Beginn der frühen Neuzeit einsetzte und nach dem 1. Weltkrieg zu Ende ging, erreichte ihren Höhepunkt in den letzten Jahrzehnten des 19. Jahrhunderts, in der Hochphase der imperialistischen Konkurrenz unter den Großmächten um die machtpolitisch noch unerschlossenen Teile der Welt.

Größte Kolonialmächte im 16. und 17. Jahrhundert waren Spanien und Portugal, im 19. und 20. Jahrhundert Großbritannien und Frankreich. Der deutsche Kolonialbesitz zwischen 1884 und 1918 blieb dagegen im Vergleich unbedeutend.

Ende des 19. Jahrhunderts befanden sich 85 Prozent der Erdoberfläche unter Kolonialherrschaft oder in einer halbkolonialen Abhängigkeit. Nach dem 2. Weltkrieg setzte eine rasche Auflösung der Kolonialreiche ein (Dekolonisation), die in die Gründung einer Vielzahl von Staaten mündete, die nun das Gros der Dritten Welt bilden. In den überwiegenden Fällen blieben die ehemaligen Kolonien trotz formeller Souveränität weiterhin wirtschaftlich und politisch an die bisherigen Kolonialmächte gebunden. Oft ergaben sich neue Formen der Abhängigkeit (Neokolonialismus).

Neokolonialismus wird beschrieben als letzte Form des Imperialismus. Viele Länder, die aus ehemaligen Kolonien willkürlich durch die sogenannten *Kolonialmächte* entstanden, sind bis heute nicht unabhängig und frei. Sie werden vom *Internationalen Währungsfonds* (IWF), der *Weltbank* (WB) und der *Welthandelsorganisation* (WTO) in Abhängigkeit gehalten. Der Hauptgrund sind vorhandene Bodenschätze und/oder geopolitische Interessen.

Von der Antike bis zur Gegenwart haben Menschen in unfreien Lebens- und Arbeitsverhältnissen gelebt. Sämtliche Hochkulturen kannten die Sklaverei und auch heute noch ist sie in allen Teilen der Erde verbreitet. Die moderne Sklaverei trägt Etiketten wie *Kinderarbeit* und *Zwangsprostitution*. Aber auch die klassischen Formen wie Frondienste auf riesigen Plantagen und in unzugänglichen Minen existieren noch immer: Die Lohnsklaven in der Fleischindustrie, die Spargelstecher auf den riesigen Feldern, die für einen unzumutbaren Lohn arbeiten und in menschenunwürdigen Unterkünften hausen, tragen in hohem Maße dazu bei, dass Konsumenten in Industrieländer zahlreiche Produkte unverhältnismäßig günstig einkaufen können, was aber andererseits dazu führt, dass Teile der Bevölkerung in den Industrieländern verarmen, da sie von ihrem Lohn nicht mehr am allgemeinen Konsum, so günstig er auch gehalten wird, teilnehmen können. Die gesellschaftliche Entrüstung darüber ist aber insgesamt marginal.

6.6.1 Frühe Formen der Sklaverei

Ein Sklave ist ein entrechteter Mensch, der gegen seinen Willen festgehalten, verschleppt, misshandelt und wirtschaftlich ausgebeutet wird. Er ist ein zu Besitz erklärter Mensch eines anderen Menschen und Ausdruck von Gewalt zwischen Menschen oder menschlichen Gesellschaften. Sklaverei ist ein Akt der Unterwerfung, der bis in die Frühzeit der menschlichen Kulturen reicht. Statt etwa nach einem Krieg den besiegten Feind zu töten, begannen Siegermächte mit der Gefangennahme, Verschleppung und Ausbeutung der besiegten Gegner. Kriegsgefangenschaft, Verschuldung, Bestrafung, Diskriminierung und Gewinnsucht waren und sind die Haupttriebfedern dafür, dass Menschen andere Menschen wie eine Ware in Besitz nehmen und sie versklaven.

In den antiken Hochkulturen war die Sklaverei weit verbreitet. Die altorientalischen Gesellschaften Mesopotamiens, Ägypten, der Mittlere Osten, Griechenland, Rom – die meisten dieser antiken Kulturen wären ohne systematische Sklavenhaltung gar nicht denkbar gewesen. Im antiken Griechenland führte die Sklaverei zu einer Entlastung der athenischen Bürger, die dadurch genügend Muße und Freizeit gewannen, sich um politische Belange zu kümmern, um am demokratischen Gesellschaftswesen teilzunehmen (Demokratie natürlich nur für *freie Bürger*, Sklaven waren davon ausgenommen). Auch das *Römische Reich* war eine erbarmungslose Sklavenhaltergesellschaft. In der Blütezeit Roms standen 20.000 römischen Bürgern 400.000 Sklaven[8] gegenüber, die in allen Lebensbereichen Arbeit ohne Lohn verrichteten.

6.6.2 Sklavereien in Afrika und arabischen Ländern

Der islamisch-arabische Raum war zwischen dem 8. und 12. Jahrhundert die dynamischste Region der Weltgeschichte, die einen großen Bedarf an Sklaven hatte. Im Mittelalter wurden hier vor allem Sklaven aus Osteuropa über das Schwarze Meer und aus Mitteleuropa hin verschleppt. Möglicherweise stammt das Wort *Sklave* ursprünglich von der arabischen Bezeichnung *saqaliba* ab, aus der sich auch die ethnische Bezeichnung *Slawe* ableitet.

Historiker schätzen, dass der Sklavenhandel im arabischen Raum zwischen dem 7. und 20. Jahrhundert etwa in der Größenordnung des Sklavenhandels im atlantisch-amerikanischen Gebiet zwischen 1450 und 1860 lag.

Unter dem Titel *Als muslimische Sklavenjäger Afrika entvölkerten* berichtet Ulrich Baron auf *welt.de*[9]: (…) *Über 17 Millionen Menschen habe Afrika in den letzten dreizehnhundert Jahren an arabo-islamische Sklavenhändler verloren und dabei sei die noch weit größere Zahl derer nicht mitgerechnet, die bei der Versklavung ganzer Dörfer umgebracht wurden.* (…)

Es gab also auch in Schwarzafrika schon lange vor der Entdeckung Amerikas die Sklaverei. Da in Afrika Eigentum im traditionellen Verständnis nicht in erster Linie Kontrolle von Land, sondern Kontrolle von Menschen bedeutete, lag es nahe, Menschen zu tauschen oder zu verkaufen. Mit der Entstehung des Islam wurden bis zum 20. Jahrhundert in Afrika, sowohl über den Norden (über die Sahara) als auch über den Osten (über das Rote Meer und den Indischen Ozean) Millionen von Menschen in die Sklaverei verkauft.

Schließlich begann im Zeitalter der Kolonialisierung auch der Sklavenhandel an den afrikanischen Westküsten, durch den wiederum Millionen Afrikaner diesmal auf den amerikanischen Kontinent verkauft und verschleppt wurden. Durch Seuchen wie Malaria und Gelbfieber sowie Transport und Sklavenjagd kamen auf einen überlebenden Sklaven mindestens fünf bis sechs Tote. Dadurch verlor der afrikanische Kontinent allein durch den transatlantischen Sklavenhandel vermutlich 60–75 Millionen Schwarzafrikaner, was zu einer Entvölkerung ganzer Landstriche und zu Fluchtbewegungen vieler Völker führte.

6.6.3 Transatlantischer Sklavenhandel – Beginn der Abschaffung

Die wohl berüchtigtste Phase in der Geschichte der Sklaverei begann mit der Entdeckung der *Neuen Welt* im Jahr 1492. Die schon vorher von den Europäern besetzte afrikanische Westküste wurde in der Folgezeit zum wichtigsten Umschlagplatz für Sklaven. Die europäischen Kolonialmächte trieben Millionen von Schwarzafrikanern in die Sklaverei, um sie auf die Plantagen in Brasilien, in der Karibik und in den Südstaaten der USA zu verkaufen. Rund 400 Jahre währte dieser Sklaventransfer. Besonders im 17. Jahrhundert explodierte die Nachfrage nach billigen Arbeitskräften für die Zuckerrohr-, Baumwoll- und Tabakplantagen auf dem amerikanischen Kontinent. Durch das Zeitalter der Aufklärung veränderte sich die Stimmung in Europa und erste Proteste gegen die Sklaverei wurden laut.

Die Selbstbefreiung der Sklaven, wie etwa der berühmte Sklavenaufstand auf Saint-Domingue (das heutige Haiti) 1791–1803, religiös motivierte Gruppen wie die Quäker, die den Sklavenhandel ablehnten, sowie die Bewegung der *Abolitionisten* (engl. abolition = Abschaffung, Aufhebung) leiteten die Abschaffung der Sklaverei ein. Dänemark verbot den Handel mit Menschen bereits 1722, England schloss sich im Jahr 1807 an. Die Aufhebung der Sklaverei in den Südstaaten der USA zum Ende des Amerikanischen Bürgerkrieges (1865) markierte das Ende der institutionell legitimierten Sklaverei in den Industrienationen. Ende des 19. Jahrhunderts wurde der Sklavenhandel schließlich auch auf dem afrikanischen Kontinent formell verboten.

6.6.4 Moderne Sklaverei

Offiziell sind Sklaverei und Sklavenhandel weltweit abgeschafft, zuletzt im Jahr 1980 im afrikanischen Staat Mauretanien. Doch die Abschaffung existiert nur auf dem Papier – das Phänomen Sklaverei ist ungebrochen. Formen moderner Sklaverei sind politische Gefangenschaft, Kinderarbeit, Zwangsprostitution, Rekrutierung von Kindersoldaten sowie die klassischen Formen der Leibeigenschaft und wirtschaftlichen Ausbeutung.

Der renommierte amerikanische Sklaverei-Forscher Kevin Bales[10] unterscheidet die alte Sklaverei früherer Zeiten von den Erscheinungsformen der modernen Sklaverei, die sich heute jeder juristischen Legalität entziehen: *In der Vergangenheit bedeutete Sklavenhaltung, dass eine Person eine andere rechtmäßig besaß; in der modernen Sklaverei ist dies nicht der Fall. Heute ist Sklaverei weltweit verboten, daher ist es nicht mehr möglich, Menschen legal zu besitzen. Kauft jemand heutzutage Sklaven, verlangt er keine Quittung oder Eigentumsurkunde, sondern erwirbt die Verfügungsmacht über einen anderen und setzt Gewalt ein, um diese aufrechtzuerhalten. Sklavenhalter genießen alle Vorteile der Inhaberschaft, ohne gesetzlich dazu berechtigt zu sein. In Wirklichkeit ist es für Sklavenhalter sogar von Vorteil, nicht rechtmäßige Besitzer zu sein, da sie so die Sklaven völlig ihrer Kontrolle unterwerfen können, ohne eine wie auch immer geartete Verantwortung für sie zu übernehmen. Daher ziehe ich die Bezeichnung* Sklavenhalter *dem Begriff* Sklavenbesitzer *vor.* Nach Bales' Einschätzung wirkt sich die fehlende Rechtmäßigkeit bei modernen Formen der Sklaverei also sogar zum Nachteil der versklavten Menschen und zum Vorteil der Sklavenhalter aus. Bales schätzt, dass heute mindestens 27 Millionen Menschen in sklavereiähnlichen Verhältnissen leben. Die Dunkelziffer ist wohl erheblich höher.

6.7 Resümee

Wo Unrecht zu Recht wird, wird Widerstand zur Pflicht!
Bertold Brecht (1898–1956), deutscher Schriftsteller

Es lässt sich nicht leugnen: Man kann das Kriegsvölkerrecht aus allen möglichen Blickwinkeln betrachten – sichtbar wird ein zutiefst menschenverachtendes brutales Gesetz, das bis heute alle Formen der Gewaltausübung und Repression gegenüber Individuen, Gruppen, Gesellschaften und Völker zulässt.

Geschichtlich bezeugen die geschilderten Ereignisse in sehr komprimierter Form die gnadenlose Anwendung dieses Gesetzes durch die herrschende Klasse. Das dunkelste Kapitel der Machtausübung gegenüber der Menschheit ist die beschriebene, über Jahrtausende praktizierte Versklavung, die bis heute in veränderter, zeitgemäßer Form anhält. Die internationale Gesetzgebung der Vereinten Nationen ändert an dieser Tatsache so gut wie nichts. Verfasst und angewendet wurden und werden diese Gesetzte von den Eliten der jeweiligen Zeit. Sie unterdrücken die Menschheit methodisch, von der Feudalherrschaft über den Kolonialismus und die Sklaverei, unverändert bis zum heutigen Tag. Das von diesen skrupellosen Machtmenschen gesteuerte kapitalistische System, das uns den hemmungslosen Konsum als höchste Erfüllung aller Menschenträume vermittelt, nimmt das Verhungern von Abermillionen Menschen billigend in Kauf. Es begünstigt in unserer heutigen Welt die gezielte Ausbeutung der Menschheit.

Im folgenden Kapitel wird erkennbar, warum die Beherrschungsinstrumente *Kriegsvölker-* und *Eigentumsrecht* in ihrer Kombination und ihren sich ergänzenden Möglichkeiten für die Beherrscher der

Welt unverzichtbar sind. Fast ausnahmslos begründen sich die heutigen Vermögenskonzentrationen durch Lügen und Betrug, durch Raub, Gewalt, Mord und Vertreibung – alles legalisiert durch nationale Gesetze, die im Zuge der Globalisierung weltweit gelten.

7 Das Eigentumsrecht

Der erste, der ein Stück Land mit einem Zaun umgab und auf den Gedanken kam zu sagen »Dies gehört mir« und der Leute fand, die einfältig genug waren, ihm zu glauben, war der eigentliche Begründer der bürgerlichen Gesellschaft. Wie viele Verbrechen, Kriege, Morde, wieviel Elend und Schrecken wäre dem Menschengeschlecht erspart geblieben, wenn jemand die Pfähle ausgerissen und seinen Mitmenschen zugerufen hätte: »Hütet euch, dem Betrüger Glauben zu schenken; ihr seid verloren, wenn ihr vergesst, dass zwar die Früchte allen, die Erde aber niemandem gehört.«

Zitat über Eigentum von Jean-Jacques Rousseau,
Schweizer Philosoph, Schriftsteller
und Staatstheoretiker (1712–1778)

7.1 Gesetzgebungen

Das Grundgesetz Deutschlands gibt mit Artikel 14, Absatz 1 eine Schutzgarantie für Eigentum: *Das Eigentum und das Erbrecht werden gewährleistet. Inhalt und Schranken werden durch die Gesetze bestimmt.* Absatz 2 fügt hinzu: *Eigentum verpflichtet. Sein Gebrauch soll zugleich dem Wohle der Allgemeinheit dienen.* Davon war wenig zu spüren, als die Manager und Eigentümer der Banken die Finanzwelt ins Chaos stürzten. Verpflichtet wurden die Steuerzahler. Sie hatten für die Schäden in Billionenhöhe aufzukommen. Hunderttausende Arbeitsplätze gingen verloren, weil Eigentümer sich gegenüber dem Staat nicht verantwortlich zeigten. Je mehr Deregulierung dem *freien Markt* zugestanden wurde, was ausschließlich diesem zugutekam, desto mehr nahm bei den Protagonisten auch der Mangel an Verantwortung zu.

Die Väter des deutschen Grundgesetzes haben 1949 mit Artikel 14 vor allem den Schutz des Privateigentums festschreiben wollen, während sie zugleich Bedingungen an diesen Schutz knüpften. Wer über Vermögen verfügt, der soll weder illegal noch unverantwortlich damit umgehen. Teile der Erträge aus dem arbeitenden Eigentum müssen an den Fiskus weitergereicht werden, Eigentum darf nicht dazu dienen, kriminelle Systeme zu unterstützen. Wer Arbeitsplätze und Investitionen anbietet und damit Existenzen beeinflusst, sollte weder leichtfertig spekulieren noch aus Profitgier kurzsichtig handeln. – Soweit die Absicht der Gründerväter.

Durch die Eigentümer und Manager der Banken wurden und werden kriminelle Systeme unterstützt und es wird leichtfertig spekuliert, wie mittlerweile bekannt wurde. Damit haben die Protagonisten der Hochfinanz eindeutig gegen Artikel 14 Grundgesetzes verstoßen. Nicht wenige meinen, dadurch wäre der Schutz des Privateigentums dieser Leute verwirkt.

Die *UN-Menschenrechtscharta* postuliert in der *Allgemeinen Erklärung der Menschenrechte* das Recht auf Eigentum. Dort heißt es im Artikel 17:

(1) Jeder hat das Recht, sowohl allein als auch in Gemeinschaft mit anderen Eigentum innezuhaben.

(2) Niemand darf willkürlich seines Eigentums beraubt werden.

Die *Allgemeine Erklärung der Menschenrechte* garantiert das Institut des Eigentums und den Schutz vor einem willkürlichen Verlust des Eigentums. Weitergehende Garantien zum Eigentum enthalten weder die *Allgemeine Erklärung der Menschenrechte* noch der *UN-Zivilpakt* oder der *UN-Sozialpakt*. Damit beschreibt die *Allgemeine Erklärung der Menschenrechte* den kleinsten gemeinsamen Nenner der seinerzeit handelnden Staaten und der hinter ihnen stehenden Weltanschauungen. Insbesondere beim Eigentum prallten die ideologischen Gegensätze so stark aufeinander, dass weitergehende Regelungen und Garantien unmöglich erschienen.

Artikel 17 begnügt sich daher mit der Institutsgarantie und dem Schutz vor *willkürlichem* Entzug des Eigentums. Er verbietet damit weder eine Enteignung noch eine Vergesellschaftung, sondern verlangt hierfür nur eine willkürfreie gesetzliche Grundlage.

Das nationale und internationale Recht zum Schutz des Eigentums, selbst die Erklärung der *Vereinten Nationen* im Artikel 17 zum Recht auf Eigentum, haben ihren Ursprung im *Römischen Recht*.

7.2   Die Auslegung/Anwendung des Rechts

Um zu verstehen, warum wir dieses Gesetz anerkennen, ohne es zu hinterfragen, müssen wir die Entstehung und den weltweiten Eingang in die Gesetzgebung der Staaten genauer betrachten. Welche Auswüchse das bis heute ermöglicht, werden wir noch ausführlich erläutern.

Es wird allgemein postuliert, dass die Identität Europas auf drei Säulen steht:

- dem Christentum
- der aristotelischen Philosophie
- dem römischen Recht

Unser Eigentumsrecht, Erbe des *Römischen Reiches*, ist wie dieses imperialistisch und menschenverachtend. Es lässt seit Hunderten von Jahren Okkupation, Tod und Vertreibung gegenüber Andersdenkenden zu. Durch seinen absoluten Machtanspruch legitimiert, begünstigt und fördert es die Anwendung von Gewalt zur Erweiterung des Herrschaftsgebietes. Beispielhaft dafür sind die weltweiten Kolonialkriege und die Versklavungen, wie die Verschleppung von

30 Millionen Afrikanern nach Amerika. – Das ermöglichte das Eigentumsrecht.

Wenden wir uns zunächst der Ideologie des *Römischen Imperiums* zu, dessen Nachfolge die *Römische Kirche* angetreten hat. Prinzipiell hat sie die imperialistischen Strategien der Römer übernommen. Dazu schrieb Peter A. Weber (der unter anderem auch Beiträge für die *TAZ,* die Wochenzeitung *der Freitag* und für die *NachDenk-Seiten* verfasst) im *Kritisches Netzwerk:*[1] (…) *Die Machtansprüche der Römischen Kirche, die sie global mithilfe der ihr verbundenen Monarchien und feudalistischen Herrscher mit Gewalt durchsetzte, gründen auf der Ideologie des Imperialismus der Römer. Die Arroganz, die alleinige Wahrheit in Fragen der Weltsicht gepachtet zu haben, stammt nicht von Jesus, sondern ganz eindeutig von den Cäsaren. Deren Hinterlassenschaft hatte folgenreiche, negative Auswirkungen auf die Entwicklung der gesamten Menschheit – bis heute. (…)*

Das Gesellschaftssystem und die Kultur des *christlichen Abendlandes* sind unzweifelhaft auf dem römisch-griechischen Vorbild aufgebaut, und wurden von der sogenannten *westlichen Welt* übernommen. Der Aufstieg des *Römisches Reiches* zur ersten Weltmacht der Geschichte ist verbunden mit unendlichem Leid gegenüber Mensch und Natur. Die Unterwerfungsstrategien der europäischen Kolonisatoren fußten auf der militärischen Taktik der Römer und waren bis in die Neuzeit Orientierung für Militäraktionen aller Länder. Auch das Kosten-Nutzen-Denken und Erwirtschaften von Profiten auf Kosten anderer beherrschten die Römer nahezu perfekt, sodass sie auch damit Vorbild für den frühen und modernen Kapitalismus waren. Dieses menschenverachtende System ermöglichte die Sklavenhaltung, die Söldnerarmee und sicherte damit die Entwicklung und den Bestand Roms über viele Jahrhunderte.

Für die Ausdehnung des römischen Imperiums durch Krieg zu Land und zu Wasser wurden Unmengen Holz benötigt. Man kann die Römer als die ersten überregionalen Umweltzerstörer bezeichnen. Sinngemäß sagte dazu Peter A. Weber, dass die Kelten sie bereits als *Waldfresser* bezeichnet hätten, denn sie trugen maßgeblich dazu bei, dass die Anrainergebiete des Mittelmeeres abgeholzt wurden und verkarsteten. Der Balkan war vorher noch bewaldet und Nordafrika eine grüne Kornkammer. Es waren aber auch andere antike Mächte wie die griechischen Staaten und Karthago dafür verantwortlich. Neben dem Bedarf für den Schiffsbau hat auch der extensive Bergbau in der Antike erhebliche ökologische und gesundheitliche Schäden angerichtet. Die Römer haben die rücksichtslose Ausbeutung der Natur kultiviert und wir haben dieses unrühmliche Erbe angetreten.

Das Unheilvolle daran ist der Keim, der sich in unsere Denkweise eingenistet hat, indem wir sinngemäß aus dem Alten Testament den Auftrag Gottes *Macht euch die Erde untertan* im römischen Verständnis interpretiert und als Recht des Menschen ausgelegt haben, eine rücksichtslose Ausbeutung nicht nur der Menschen, sondern auch der Natur zu betreiben.

Ein nicht zu unterschätzendes Element, das uns die Römer hinterlassen haben, ist die Beeinflussung der Massen. Sie waren unsere Lehrmeister in Sachen Demagogie, also auf welche Art und Weise man das Volk mit Parolen und Irreführungen entweder ruhigstellen oder für nationalistische Ziele begeistern kann. Das römische Konzept *panem et circenses* (Brot und Spiele) ist bis heute das klassische Ablenkungsmanöver für staatliche Willkür. Die Römer, die sich selbst als hochzivilisiert einstuften, was sich in der historischen und heutigen Beurteilung widerspiegelt, waren in Wirklichkeit despotische Technokraten. Sie haben Millionen von Menschen auf dem Gewissen, die sie lebend begraben oder in ihren Amphitheatern zur

Volksbelustigung zerfleischen ließen. Auch die patriarchalische Vorliebe der Römer, die Frauen rechtlich ins Abseits zu stellen, hat sich bis heute im westlichen männlichen Hochmut erhalten. Es lässt sich unschwer leugnen, dass die Organisation, die Legislative und Exekutive moderner westlicher Demokratien, noch in griechisch-römischen Mustern existiert. Ein Beispiel hierfür ist das römische Recht, dass man laut *JuraForum* ohne weiteres als die Grundlage unserer modernen Verfassungen betrachten kann.

Peter A. Weber meint zur Hinterlassenschaft Roms und zur Entstehungsgeschichte der europäischen Rechtsordnung, dass wir den Römern die Einführung ins technische Zeitalter verdanken und sie uns mit den Segnungen von Komfort, Anspruchsdenken sowie Luxus vertraut gemacht haben. Damit soll nur der Ungeist technokratischer Verirrung vertuscht werden. Der heute um sich greifende Technologieglaube hat dort seine historischen Ursachen. Ebenfalls unsere Neigung, uns mit zerstreuender Unterhaltung, Konsum und Komfort für Nebensächliches zu prostituieren. In unser Wesen und unseren Charakter hat sich im Unterbewusstsein eine Verinnerlichung all dieser handlungssteuernden Faktoren eingenistet. Wer meint, er habe sich durch seine Loslösung vom Christentum und seine Ablehnung von Religion von allem schädlichen römischen Gedankengut befreit, der belügt sich selbst. Die griechisch-römische Logik lebt weiter in (fast) allen Köpfen und verhindert fantasievolle Ansätze und Wege. Darüber hinaus sollte man sich vergegenwärtigen, dass das gesamte kapitalistische System mit seinen zersetzenden Begleiterscheinungen wie Konsumismus sowie Wachstums- und Technologiewahn zu einem erheblichen Teil die Folge dieser unseligen Tradition ist. Für Weber besteht völlige Klarheit darüber, dass nur eine Befreiung vom organisierten Christentum sowie anderen Religionen und von der kapitalistischen Ideologie die Bezeichnung als wahre Befreiung verdient!

7.3 Aneignungen unbegrenzten Reichtums

Das nationale und internationale Eigentumsrecht ermöglicht dem Individuum also ein unbegrenztes Eigentum. Es erlaubte der herrschende Klasse, Raubzüge und Sklaverei zu legalisieren, und es hilft ihnen, ihr vergangenes und heutiges Handeln zu rechtfertigen. Denn die Eigentümer des Landes und des Reichtums unserer Erde schreiben die Gesetze und sagen den Menschen in den Gesellschaften, was sie zu tun und zu lassen und wie sie zu denken und zu leben haben.

Betrachten wir dazu einige Beispiele der Raubzüge vergangener Jahrhunderte. Sie sind das Ergebnis der gewaltsamen Inbesitznahme von Land und Völkern, überwiegend im Zuge der sogenannten *Kolonialisierung*.

Die britische Königsfamilie wird weltweit hoch geschätzt, vor allem Queen Elisabeth. Dem britischen Königshaus *gehören* mehr als ein Sechstel der Landfläche unseres Planeten.[2] Königin Elizabeth II ist die größte Landbesitzerin der Welt. Sie ist das Staatsoberhaupt nicht nur von Großbritannien, sondern auch von 31 anderen Ländern und Territorien und der private Eigentümer von ca. 27 Millionen Quadratkilometern Land. Ihr Besitz wird durch die Gesetze der Länder geschützt, die ihr gehören oder deren Staatsoberhaupt sie ist: Kanada (10.000.000 km²), Australien (7.700.000 km²), Papua Neuguinea (460.000 km²), Neuseeland (260.000 km²), Großbritannien (250.000 km²). Auf ähnliche Weise, wie die Queen zu ihrem Vermögen, kam es zum Landbesitz Russlands, der Festlegung der Grenzen der USA, dem unvorstellbare Vermögen der Königsfamilie Saudi-Arabiens, dem Eigentum der weltweiten Adelsfamilien sowie den überwiegenden Vermögenswerten der Großindustrie.

Okkupation, Raub, Mord und Vertreibung sind die vorherrschenden Gründe für die Grenzfestlegungen der Staaten und die Ursache der

Konzentration von Vermögen. Der Machtanspruch der sogenannten *Eliten* begründet sich auf deren Reichtum. Raubzüge, Plünderung und Sklaverei wurden durch das *Recht auf Eigentum* legalisiert. Durch Jahrhunderte andauernde Willenslenkung wurde und wird den Menschen suggeriert, dass das Aneignen von unbegrenztem Eigentum durch die herrschende Klasse, wenn nötig mit Gewalt, ein universelles, ja göttliches Recht sei. Davon machen besagte Eliten mit all ihnen zur Verfügung stehenden Machtmitteln, ohne Rücksicht auf Mensch und Natur zu nehmen, bis heute ununterbrochenen Gebrauch.

Im Folgenden wollen wir über die heutigen Reichtumskonzentrationen berichten, die das international anerkannte Eigentumsrecht ermöglicht hat.

7.4   Die Eigentümer der Welt

Der Volkswirt und renommierte Wirtschaftsjournalist Hans-Jürgen Jakobs hat in seinem aufsehenerregenden Buch *Wem gehört die Welt*,[3] über die Machtverhältnisse im globalen Kapitalismus, die 200 mächtigsten Akteure des Weltfinanzwesens identifiziert und im Porträt vorgestellt. Sie heißen unter andere: Larry Fink, Stephen Schwarzman oder Abdullah bin Mohammed bin Saud Al-Thani. Mit ihren billionenschweren Fonds legen *Blackrock*, *Blackstone* oder *Qatar Investment* mehr Geld an, als Deutschland erwirtschaftete. Durch ihre Dominanz der zentralen Felder der Weltwirtschaft sowie der Konzentration von Geldmitteln, sind ihre Macht und ihr Einfluss in allen Bereichen der weltweiten Politik folgenschwer. Sie versammeln zusammen mehr als 40 Billionen US-Dollar, das sind 60 Prozent des Bruttoinlandsprodukts der Welt. Das Gesamtbild dieses *neuen Kapitalismus* ist höchst bedrohlich. Diese Machtkonzentration beherrscht sämtliche Formen der Gesellschaften und dominiert die nationale und internationale Gesetzgebung der Staaten.

In einer weiteren Untersuchung, die sich auf die Eigentumsverflechtungen der weltweit agierenden Konzerne konzentriert, haben die Schweizer Forscher James Glattfelder, Stefano Battiston und Stefania Vitali von der *Eidgenössischen Technischen Hochschule* (ETH) in Zürich Daten von 44 Millionen Unternehmen ausgewertet, um Verflechtungen offenzulegen. Es war alles andere als eine triviale Aufgabe, die sie sich gestellt hatten. Die Forscher wollten konkrete Zahlen für die weitverbreitete These liefern, dass transnationale, also nationale Grenzen überschreitende Konzerne eng miteinander verflochten sind und die Weltwirtschaft dominieren. Zu diesem Zweck nutzten der studierte Physiker Glattfelder und seine Kollegen die Datenbank *Orbis*, in der Statistiker der *Organisation für wirtschaftliche Zusammenarbeit und Entwicklung* (OECD) weltweit die Daten von Firmen und Unternehmern sammeln.

Die Arbeit der Züricher Forscher unterstreicht die globale Macht der Konzerne. Sie gingen dabei von der Definition des Soziologen Max Webers aus, der Macht als *die Wahrscheinlichkeit, dass ein Individuum – in der Wirtschaft ein Unternehmen – seinen Willen auch gegen den Widerstand anderer Beteiligter durchsetzen kann* bezeichnet. Das in einem ersten Aufsatz präsentierte Ergebnis der Zürcher Forscher: Von 43.060 Konzernen dominieren 1318 Firmen vier Fünftel der am Umsatz gemessenen Weltwirtschaft – mit ihrem eigenen Umsatz und über von ihnen gehaltene Aktienpakete an durchschnittlich 20 anderen Großkonzernen. Die Elite der Elite besteht aus 147 Firmen, die über rund 40 Prozent der Weltwirtschaft entscheiden. Die Top 50 werden vom britischen Finanzkonzern Barclays angeführt, gefolgt von weiteren Finanzfirmen: dem französischen *Axa*-Konzern, der Schweizer Großbank *UBS*, den Wall

Street-Giganten *Merrill Lynch, Goldman Sachs* und der *Deutschen Bank*, dem *Allianz-Konzern,* aber auch weithin Unbekannten, wie der US-Beteiligungsgesellschaft *Capital Group.* Die Konzerne sind durch Beteiligungen, oft auch durch Kredite, Kreditausfallversicherungen (CDS) und andere, überwiegend hoch spekulative Finanzinstrumente verbunden. Homogene Verbindungen und Absprachen sowie Kartelle behindern nicht nur die Konkurrenz, sondern hemmen Innovationen. Die Verflechtungen des Konzern-Netzwerkes steigern auch weltweit das Ansteckungsrisiko im wirtschaftlichen Krisenfall, weil Firmen in schlechten Zeiten gleichzeitig Probleme bekommen, so die ETH-Forscher. Die Realität bestätigt ihre Untersuchungen.. Unter den von ihnen für 2007 festgestellten Top 50 der vernetzten Konzerne taucht auch die Investmentbank *Lehmann Brothers* auf, deren Zusammenbruch im Herbst 2008 die weltweiten Wirtschaftskrise einleitete. Trotz vieler von ihren Regierungen übernommenen oder gestützter Firmen wie z. B. Schweizer *UBS, Société Générale*, der *Lloyds-Gruppe* oder Ranglistenführer *Barclays*, ist dennoch die Macht der Finanzkonzerne – im Kontrollranking weit über ihren Umsatz und volkswirtschaftliche Leistung hinaus–ungebrochen. Dies liegt vor allem auch an ihrer Verflechtung mit der Politik. Bekanntermaßen schafften es in den USA vor allem ehemalige Mitarbeiter von Goldman Sachs in der US-Regierung und dem Parlament sowie Wall Street-Lobbyisten, eine echte Kontrolle des Finanzsektors zu verhindern. Eine von Reformern geforderte Zwangstrennung von normalem Bankgeschäft und hoch spekulativem und risikoreichem Investmentbanking oder ein Verbot unregulierten Derivat-Handels blieb wirkungslos. Auch in England, der Schweiz oder Deutschland ist hier bisher wenig geschehen. Ungebrochen ist auch die Macht der Konzerne, sich der Steuerpflicht in ihrer Heimat durch trickreiche Verlagerung oder Verrechnung von Gewinnen im Ausland zu entziehen. Trauriger

Spitzenreiter sind so oft die USA: Dort sorgten Unternehmen in den 50er-Jahren noch für 30 Prozent der Staatseinnahmen – 2009 waren es nur noch 6,6 Prozent. 2010 schaffte es der *New York Times* zufolge das größte Unternehmen des Landes, der Konzern *General Electric*, auf einen US-Gewinn von gut fünf Milliarden Dollar keinerlei Steuern zu zahlen, sondern durch Vergünstigungen noch gut drei Milliarden Dollar gutgeschrieben zu bekommen. Ein Ergebnis umfangreicher Lobbyarbeit der firmeneigenen Steuerabteilung. In der sitzen Ex-Beamte des Finanzministeriums, der Steuerbehörde und alle wichtigen Parlamentsausschüsse.

Seit Langem gehen Systemkritiker davon aus, dass die Fäden der Wirtschaft und des Bankwesens irgendwo zusammenführen müssen. Doch internationale Verkettungen gestalten die Besitzverhältnisse multinationaler Unternehmen derart verwirrend, dass jeder Versuch dem Lösen eines Gordischen Knotens gleicht. *Die Realität ist komplex. Wir müssen uns von allen Dogmen befreien, ungeachtet ob es sich um Verschwörungstheorien oder um die freien Märkte handelt. Unsere Analyse basiert auf Tatsachen*, gab Dr. James Glattfelder von der *Eidgenössischen Technischen Hochschule* in Zürich in Zusammenhang mit dieser Studie zu verstehen. Die bereits verfügbaren Informationen, einschließlich der 50 im Anhang aufgelisteten weltweit mächtigsten vernetzten Konzerne, wurden am 19. Oktober 2011 von *New Scientist*[5] bekannt gegeben, einem wöchentlich in englischer Sprache erscheinenden internationalen populärwissenschaftlichen Magazin. Thema sind u. a. die Auswirkungen von Forschung und Technik auf die Gesellschaft. Die Website *lupocattivoblog.com* hat sich unter dem Titel *Wem gehört die Welt? Wer beherrscht die Weltwirtschaft?*[6] der Studie der Schweizer Forscher angenommen und nach den Eigentümern dieser Top 50 geforscht. Das Resultat: Überwiegend werden sie von der Familie Rothschild durch deren Eigentumsverhältnisse kontrolliert und beherrscht.

Aber damit nicht genug; laut *derwaechter.net*[7] wird die unvorstellbare Vermögens- und Machtkonzentration der Rothschilds durch die Veröffentlichung der kompletten Liste von Banken im Besitz und unter Kontrolle der Rothschilds überdeutlich (Überblick im Anhang). Es ist im Übrigen der allgemeinen Öffentlichkeit praktisch unbekannt, dass die amerikanische *Federal Reserve Bank* ein Unternehmen in Privatbesitz ist, das sich auf seinem eigenen Grundstück befindet und vor US-Gesetzen geschützt ist. Dieses Unternehmen in Privatbesitz (kontrolliert durch die Rothschilds, Rockefellers und Morgans) druckt das Geld für die US-Regierung.

Durch die weltweite Informationsvielfalt ist sich eine immer größer werdende Zahl von Menschen der Tatsache bewusst, dass mehr als 99 Prozent der Weltbevölkerung von einer Elite kontrolliert werden. Durch die dargestellte Konzentrierung von Kapital und Macht ist es nicht verwunderlich, dass es Theorien gibt, nach denen die Rothschild-Familie alles beherrscht, sogar die Elite. Es handelt sich zweifellos um die mächtigste Familie der Erde. Ihr geschätztes Vermögen ist durch das Netzwerk der Beteiligungen nicht ermittelbar. Historiker und Forscher sind sich uneinig darüber, wie viel die Familie überhaupt besitzt. Die Schätzungen beginnen bei 350 Milliarden Dollar und gehen bis zu einer Billion. Laut einem Bericht von *Billionaires Australia* gehen andere Schätzungen sogar bis 500 Billionen Dollar. Die Unsicherheit über die Vermögensverhältnisse der Rothschilds könnte nicht größer sein. Allerdings sind ihre Einflüsse durch weltweiten Bankenbesitz einzigartig.

Diese Machtverhältnisse gefährden nicht nur unsere Demokratien, sondern lösen sie quasi auf. Schon 1835 erklärte der damalige US-Präsident Andrew Jackson seine Verachtung für die internationalen Banker mit den Worten: *Ihr seid eine Grube voll mit Schlangen und Dieben. Ich habe beschlossen, euch auszurotten, bei Gott dem Allmächtigen, ich werde euch ausrotten. Wenn die Menschen nur das abscheuliche Unrecht unseres Geld- und Bankensystems verstünden, hätten wir eine Revolution noch vor morgen früh.* Es folgte ein Attentatsversuch auf Präsident Jackson. Er sagte zu seinem Vizepräsidenten, Martin van Buuren: *Die Bank, Mr. van Buuren, versucht mich umzubringen.* Dies war der Auftakt einer Reihe von Intrigen, die das Weiße Haus noch jahrzehntelang heimsuchen sollten. Es gibt zahlreiche Berichte darüber, dass sowohl Lincoln als auch John F. Kennedy für den Versuch ermordet wurden, dass Land von der Macht der Banken zu befreien.

7.5 Heutige Megabanken und Eigentumskonzentrationen

Es gibt zwei Megabanken, die allen Ländern auf der ganzen Welt Kredite anbieten: die *Weltbank* (IBRD)[8] und der *IWF*[9].
Die erste ist im gemeinsamen Besitz der Top-Bankiersfamilien der Welt, wobei sich die Rothschilds ganz an der Spitze befinden, während die zweite den Rothschilds ganz alleine gehört. Diese zwei Megabanken bieten Entwicklungsländern Kredite an und benutzen ihre fast unmöglich rückzahlbaren Zinsen, um sich an deren Land zu vergreifen. Ein wichtiger Teil ihres Planes ist es, auch die natürlichen Ressourcen eines Landes (wie seltene Erden oder Gas) mithilfe der Unternehmen auszubeuten, die ihnen im Verborgenen gehören, sie zu veredeln und dem Land zurück zu verkaufen. Somit wird dem betroffenen Land das dringend notwendige Kapital zum Aufbau der eigenen Wirtschaft entzogen. Für eine optimale Arbeitsweise benötigen die einzusetzenden Unternehmen eine solide Infrastruktur, die in den Entwicklungsländern üblicherweise fehlt. Daher stellen die genannten Megabanken noch vor Kreditvergabe sicher, dass der Großteil des Geldes in

notwendige Infrastruktur investiert wird. Weltweit erzielen sie dadurch gigantische Profite.

Interessanterweise protestieren selbst große Nationalstaaten nicht gegen diese Politik. Der Grund dafür ist denkbar einfach und für die Banken und deren Eigentümer überaus praktisch: Selbst die Nationalbanken sind im Besitz privater Eigentümer und- jeder Haushalt eines jeden Landes muss finanziert werden. Dafür braucht man Kredite ...

Die Verhandlungen mit den hilfsbedürftigen Staaten werden je nach Zustand und Lage des Landes von sogenannten *Economic Hit Men* (Wirtschaftskillern)[10] durchgeführt, die dadurch erfolgreich sind, dass sie diejenigen, die in der Lage sind, ihnen Land zu verkaufen, bestechen oder mit dem Tode bedrohen. *Economic Hit Men* sind hoch bezahlte Experten, die Länder auf der ganzen Welt um Billionen Dollar betrügen. Sie schleusen Geld von der Weltbank und anderen ausländischen Hilfsorganisationen auf die Konten großer Konzerne und in die Taschen weniger reicher Familien, die die natürlichen Rohstoffe unseres Planeten kontrollieren. Die Mittel der *Economic Hit Men* sind betrügerische Finanzanalysen, Wahlmanipulationen, Bestechung, Erpressung und Mord. Ihr Spiel ist so alt wie die Macht, doch heute, im Zeitalter der Globalisierung, hat es neue und erschreckende Dimensionen angenommen, behauptet der Whistleblower John Perkins. Perkins bekennt in seinem gleichnamigen Buch, als früherer Chefökonom der Strategieberatung *Chas. T. Main* Agent der US-amerikanischen *National Security Agency* (NSA) gewesen zu sein. Nach seiner Darstellung war er ein *Economic Hit Man* (Wirtschaftskiller). Die eine Bank, die alles beherrscht, die *Bank für Internationalen Zahlungsausgleich* (BIZ), wird von den Rothschilds kontrolliert, ihr Spitzname ist *der Turm zu Basel*.

Die Macht der Rothschilds ging und geht weit über das Bankenimperium hinaus. Es ist unumstritten, dass sie seit Napoleons Zeiten

Kriege finanzieren. Die Maßlosigkeit und grenzenlose Gier dieser Bankiersfamilie bestätigte sich durch die perverse Handlungsweise, jeweils beide Kriegsparteien mit finanziellen Mitteln auszustatten. So war man immer auf der Gewinnerseite. Der politische Einfluss, lokal und international, war gegeben und die Profite gigantisch. 1815 machte Nathan Mayer Rothschild die folgende Aussage: *Ich kümmere mich nicht darum, welche Marionette auf den Thron von England platziert ist, dem Reich, in dem die Sonne niemals untergeht. Der Mann, der die britische Geldmenge kontrolliert, kontrolliert das britische Imperium, und ich kontrolliere die britische Geldmenge.* 1849 sagte Gutle Schnapper, die Frau von Mayer Amschel Rothschild: *Wenn meine Söhne keine Kriege wollten, würde es keine geben.*

Im Laufe von drei Jahrhunderten wuchs das Bankenimperium der Rothschilds zu der heutigen unvorstellbaren Größe. Das Netz der Beteiligungen im Weltwirtschaftsbereich haben wir umfassend dargestellt. Es ist in unserer heutigen Welt einzigartig. Bis heute beherrscht das weltumspannende Netz des Rothschild-Clans das Weltwirtschaftssystem und nimmt Einfluss auf nationale und internationale Gesetzgebungen.

Das geltende Eigentumsrecht öffnet den Akteuren der Macht bis heute Tür und Tor. So ist es möglich, dass despotische Tyrannen die Menschheit global ausplündern und versklaven. Das betrifft ausnahmslos die Bevölkerungen sämtlicher Gesellschaften. Das Recht auf unbegrenztes Eigentum lässt Superreichtum entstehen. Dazu einige Beispiele:

Das Statistik-Portal *statista.com* (Statistiken und Studien aus über 18.000 Quellen) veröffentlichte die 25 reichsten Menschen weltweit im Jahr 2018 (Stand: 2. Mai)[11] nach ihrem Vermögen (in Milliarden US-Dollar). Jeff Bezos aus den USA ist demnach mit einem Vermögen von 130,8 Milliarden US-Dollar der reichste Mensch der Welt. Francois Pinault aus Frankreich ist im Ranking der Superreichen an 25. Stelle, er nennt noch 34 Milliarden US-Dollar sein Eigen. Die Liste ließe sich noch endlos fortsetzen, es gibt weltweit über 2.200 Milliardäre. Es ist unbegreiflich, dass die Menschheit diese unheilvollen Entwicklungen zuließ und sie auch weiter ohne nennenswerten Widerstand zulässt. Vermögenskonzentrationen fördern oligarchische Strukturen bei den Eliten und spalten die Gesellschaft. Der unbegrenzt wachsende Reichtum der herrschenden Klasse führt zu wachsender Verarmung der Menschheit und führt auch in den Industriestaaten zu massiven Einschränkungen der Staatsaufgaben, wie z. B. sozialen und Infrastrukturmaßnahmen. Unsere Demokratien befinden sich weltweit in höchster Gefahr.

Wir widmen uns in dem folgenden Beitrag den Folgen der Maßlosigkeit unseres Wirtschaftssystems, ermöglicht durch grenzenlosen Besitz und veranschaulicht am reichsten und doch ärmsten Kontinent der Erde: Afrika.

7.6 Unbegrenzter Besitz und maßlose Gier als Ursachen für Ausbeutung, Kriege und Konflikte

Der Fluch des Reichtums

Afrika ist der wohl reichste Kontinent der Welt. Ein Drittel der weltweiten Rohstoffvorkommen liegen hier unter der Erdoberfläche. Für den größten Teil der Bevölkerung bedeutet dieser Reichtum allerdings mehr Fluch als Segen. Ein kriminelles Netzwerk aus zwielichtigen Händlern, internationalen Großkonzernen und kapitalistischen Freibeutern hat sich den Zugang zu den Ressourcen gesichert und greift die Gewinne systematisch ab. Eine Art Neokolonialismus hat sich entwickelt, der dafür sorgt, dass sich vor Ort kaum etwas zum Besseren entwickeln kann, dass die Eliten korrupt sind und bleiben und die allgemeine Bevölkerung wie seit Jahrhunderten konsequent unterdrückt und im Elend gehalten wird.

Über die Situation in Afrika berichtet Auslandsreporter Tom Burgis, dessen aktuelles Buch das Zusammenspiel von Warlords, Konzernen, Schmugglern und der Plünderung Afrikas thematisiert. Tom Burgis ist als Auslandsreporter für die *Financial Times* tätig, zuletzt in Johannesburg und Lagos. Er lebt in London und leitet dort ein Team für investigativen Journalismus. Unter anderem ist er Preisträger des renommierten *Jerwood Awards* im Januar 2013 und ein gefragter Kommentator bei *BBC*, *CNBC* und weiteren internationalen Sendern. Unerschrocken, eloquent und mutig, schrieb Tom Burgis sein Erstlingswerk und stellt sich an die Spitze einer neuen Generation junger investigativer Journalisten.

Nachfolgend Auszüge eines Interviews von Jens Wernicke,[12] veröffentlicht in den *Nachdenkseiten*.[13]

Herr Burgis, gerade erschien Ihr neues Buch Der Fluch des Reichtums.[14] Was dürfen wir uns unter diesem Fluch vorstellen? Werben Sie um Empathie mit den elendigen Reichen, die ja oft an Liebeskummer, Depressionen und anderem laborieren?

Ich stelle zwar nicht in Frage, dass Depressionen und andere Beschwerden zwischen Arm und Reich nicht unterscheiden, will mit meinem Buch jedoch nicht für Mitleid mit den Reichen werben. Tatsächlich ist der Fluch etwas, was Nationen widerfährt. Nehmen Sie z. B. das Öl. Jedes Land in Afrika mit einer nennenswerten Erdölproduktion – ebenso wie weltweit fast alle Länder – ist beherrscht von Gewalt, wird schlecht regiert und ist, ausgenommen von einer winzigen, ultrareichen Führungselite, bitterarm. Das ist kein Zufall. Ein Übermaß an Öl oder anderen wertvollen Mineralien, wie etwa Gold oder Diamanten, ist die Grundzutat für Korruption und Klep-

tokratie. Es bewirkt, dass das nationale Einkommen in einen einzigen Topf fließt, der von einer kleinen Gruppe kontrolliert wird. Diese kleine Gruppe verteilt das Einkommen – bekannt als Ressourcenrente, *da es im Wesentlichen nicht erwirtschaftet wurde – um sich einzuschmeicheln und um sicherzustellen, dass sie an der Macht bleibt. (...) In einem ressourcenreichen Staat verzerrt der ständige Zufluss ausländischer Dollars den Kurs der Landeswährung und macht Importwaren billiger, wodurch die heimische Produktion und die Landwirtschaft untergraben werden. Wenn man in Nigeria, im Kongo oder im Sudan geboren wird, hat man die Wahl: Entweder man lehnt das herrschende System der Machtvergabe durch Patronage ab und verhungert oder man unterstützt es, um den Lebensunterhalt der eigenen Familie zu sichern – im Wissen darum, dass man damit ein System am Leben erhält, das den eigenen Kindern nur Elend bringen wird. Das ist der Fluch.*

Im Vorwort zu Ihrem Buch heißt es: Ich begann den roten Faden zu sehen, der ein Massaker in einem abgelegenen afrikanischen Dorf mit den Freuden und Bequemlichkeiten verbindet, die wir in den reichen Teilen der Welt genießen. Er zieht sich durch die globalisierte Wirtschaft, von Kriegsgebieten bis zu den Gipfeln von Macht und Reichtum in New York, Hongkong und London. *Um was für einen roten Faden geht es hier?*

Es ist derselbe Faden, der einst afrikanische Dörfer, deren junge Männer entführt und in die Sklaverei verkauft wurden, mit den Tabakbaronen Amerikas und den Rauchern in London verband. Die materiellen Vorzüge unseres westlichen Lebenswandels – Mobiltelefone, Autos, Laptops und so weiter – werden mit Rohstoffen geschaffen. Große Mengen dieser Materialien lagern unter afrikanischem Boden. Diese Vorräte werden oft von multinationalen Konzernen auf dem Weltmarkt vertrieben, die mit unrechtmäßigen Regimen in Afrika zusammenarbeiten, etwa in Äquatorialguinea, im

Kongo oder in Kamerun. Allerdings gibt es auch – zumindest müssen wir das hoffen – einen Faden der Empathie. Die Globalisierung hat uns wirtschaftlich mit den Minenarbeitern im Ostkongo und den Milizen im Nigerdelta verbunden. Sind wir aber bereit, diese Logik konsequent zu verfolgen und uns individuell und als Gesellschaft der Verantwortung zu stellen? Sind wir bereit anzuerkennen, dass unser Handeln zu dem Unheil beiträgt, das die Rohstoffindustrie ihrem Leben zufügt?

Sie argumentieren also nicht, die Reichen oder rohstoffreiche Länder wären per se verflucht. Ihr Argument ist, dass die Weltwirtschaft dafür sorgt, dass die internationale Ausbeutung armer Länder dafür sorgt, dass Armut und Elend dort unüberwindbar scheinen? Wodurch genau geschieht das denn?

Ich bin der Ansicht, dass der Ressourcenfluch nur extrem schwer zu bewältigen ist. Man kann sagen, dass dies bis heute eigentlich nur Norwegen gelungen ist – wobei es entscheidend war, dass das Land bereits ein relativ hohes Wohlstandsniveau und starke politische Institutionen hatte, bevor es auf Öl stieß. Die afrikanischen Länder allerdings entdeckten das Öl – oder Diamanten oder Kupfer oder Stahl – bevor sie starke Institutionen ausbilden konnten. Deswegen hat die Ressourcenrente ihre politischen Systeme auch so stark korrumpiert. Not gibt es tatsächlich überall, in reichen wie in armen Ländern. Ich befürchte auch, dass die Armut im gegenwärtigen System des Rohstoffabbaus durch globale Märkte unüberwindbar ist. Denn: Wie konnten die wohlhabenden Nationen der Welt einst die Armut überwinden? Indem sie sich industrialisierten! Volkswirtschaften, die hauptsächlich von Rohstoffexporten abhängen, werden jedoch an der Industrialisierung gehindert: Durch die Verzerrungen im Wechselkurs verbilligen sich die Importe und die lokale Industrie wird untergraben. Die Regierungen geben lieber Geld fürs Militär als für das Gesundheits- oder Bildungssystem aus. Damit setzt sich der Ressourcenfluch fort. Nur aufgrund der Industrialisierung konnte sich in Europa, Nordamerika und zuletzt in Teilen Asiens eine Mittelschicht etablieren. Die Mittelschicht verlangte politische Mitspracherechte und moderne, liberale Demokratien konnten sich entwickeln. Ich sage nicht, dass dies der einzige Weg zu einem repräsentativen Herrschaftssystem ist, aber er ist bei Weitem der sicherste. Ressourcenverfluchte Nationen haben diese Entwicklungsmöglichkeit nicht. (...) Durch das starke Übergewicht der Rohstoffindustrie in Nigeria werden Wirtschaftszweige, die nicht mit der Förderung von Öl oder Erdgas in Verbindung stehen, systematisch vernachlässigt. Und obwohl Minen und Ölfelder gewaltige Summen von Kapital verschlingen, schaffen sie, verglichen mit der Landwirtschaft oder anderen Wirtschaftszweigen, nur eine verschwindend geringe Zahl von Arbeitsplätzen – von den ungleich höheren ökologischen Folgeschäden ganz zu schweigen. Durch das Aussterben des produzierenden Gewerbes entsteht ein höherer Bedarf an Importwaren – ein Bedarf, der durch den Schmuggel gedeckt wird. Gleichzeitig verkümmern staatliche Institutionen, die sich eigentlich um das Allgemeinwohl sorgen sollten, denn Petro-Staaten sind in der Regel auf Patronage aufgebaut. (…)

Gibt es konkrete Profiteure dieses Systems? Wessen Interessen organisieren sich hier und wie geschieht das genau?

Mit diesem Buch wollte ich zeigen, dass der Ressourcenfluch nicht nur eine Macke unseres Wirtschaftssystems ist, sondern ein ausgeklügeltes System der Plünderung, dessen Profiteure benannt werden können. Daher der Titel des Buches Looting Machine, zu Deutsch: Plünderungsmaschinerie. Ich habe einige der Unternehmen und Individuen benannt, die vom dreckigen Geschäft mit Afrikas Ressourcen profitieren, darunter sind etwa Royal Dutch Shell oder Tycoons wie der israelische Milliardär Dan Gertler. (…) Die Ausbeutung Afrikas hat eine lange Geschichte, die sich bis in die Gegen-

wart fortsetzt: Viele der multinationalen Konzerne, die heute das Ge-
schäft mit Afrikas Öl kontrollieren, haben sich schon während der
Kolonialzeit im großen Stil bereichert. Oft waren sie lediglich der
privatwirtschaftliche Arm der Kolonialmächte beziehungsweise der
Großmächte während des Kalten Krieges. Manchmal werden sie er-
wischt – Shell *etwa verstieß gegen die Antikorruptionsgesetze der*
USA – aber alles in allem ist uns der Nachschub an Rohstoffen wohl
zu wichtig, um diese Unternehmen ernsthaft in Schwierigkeiten zu
bringen. (...) Prinzipien, die wir sonst anwenden – das Eigentums-
recht zum Beispiel oder grundsätzliche ethische Handelsstandards –
werden über Bord geworfen, wenn es ums Öl, den Bergbau oder an-
deres geht. (...) Westliche Führer belehren die Afrikaner permanent,
wenn es um Korruption geht. Es ist natürlich richtig, dass viele afri-
kanische Herrschaftseliten abgrundtief korrupt sind. Allerdings ist
die Korruption farbenblind und transnational. Und ein großer Anteil
des Bestechungssystems, das ich im Buch beschreibe, wäre nicht
denkbar ohne eine Industrie zur Vertuschung globaler Finanzströme,
deren Hauptakteure in London, der Schweiz und in zunehmendem
Maß auch in den USA sitzen. Es ist die Bereitwilligkeit westlicher
Staaten, den Fluss von Geldern in dunklen Kanälen zu erleichtern
und die Geldwäsche durch Immobiliengeschäfte, auf dem Kunstmarkt
und in anderen Bereichen zu akzeptieren, die es afrikanischen Klep-
tokraten erst ermöglicht, Ihre Macht zu behaupten. (…)
Menschen wie Tom Burgis machen uns bewusst, dass es unauf-
schiebbar und höchste Zeit ist, auf die bekannten Perversionen
unseres kapitalistischen Systems zu reagieren und es zu revolutionieren. Die notwendige Veränderung könnte mit einer Steuerreform
beginnen.

Im Folgenden betrachten wir das Tabuthema der Politik- und Wirt-
schaftseliten, die Besteuerung von Vermögen bzw. Steuergerechtig-
keit.

7.7 Zukünftige Entwicklung und Gerechtigkeit

Wenn in öffentlichen Debatten über Gerechtigkeit diskutiert wird und die Besteuerung von Reichtum zur Sprache kommt, wird reflexartig von den Protagonisten der Vermögenden aus Politik und Wirtschaft über die Medien reagiert. Es wird umgehend von einer *Neiddebatte* und einem Angriff auf unser aller Vermögen und Eigentum gesprochen. Mit diesem Argument wird unterstellt, dass diejenigen, die eine höhere Besteuerung der Reichen fordern, anderen ihren Reichtum nicht gönnen. Das Bestreben, eine angemessene Finanzausstattung der öffentlichen Haushalte zu bewirken, gerät so von vornherein in den Hintergrund. Doch es geht nicht darum, Reiche arm zu machen, sondern darum, das durch die Konzentrationen des Reichtums immer ärmer gemachte Gemeinwesen finanziell wieder zu stabilisieren und somit die dringend notwendigen Investitionen für die Lebensbereiche der Menschen in den Gesellschaften zu gewährleisten. Die Länder Europas sind reich genug, um allen Europäern ein gutes Leben zu ermöglichen und einen beträchtlichen Beitrag zur Beseitigung des Hungers in der Welt zu leisten. Dazu gehört aber auch, Bedarfe über öffentliche Leistungen im Land zu befriedigen: Kitaplätze, vernünftige Schulen und Ausbildung, Verkehrs- und Versorgungsinfrastruktur, Kultur- und Freizeitangebote, Gesundheit und Pflege, eine intakte Umwelt sowie eine Zukunfts- und Lebensperspektive für die heutigen und kommenden Generationen. Viele dieser notwendigen überfälligen Aufgaben werden durch die bestehenden Eigentumsgesetze, die Einflussnahme auf die Gesetzgebung und letztlich durch die weltweit mangelnde Besteuerung von Reichtum blockiert.

Von einem funktionierenden Gemeinwesen profitieren alle, ob arm oder reich. Doch Menschen mit hohem Einkommen und großem Vermögen müssen zukünftig erheblich mehr dazu beitragen. Gerade sie haben sich in den vergangenen Jahren durch umfangreiche Steuersenkungen und Bankenrettungen auf Kosten der Allgemeinheit bereichert. Die steigende Ungleichheit ist nicht nur sozial ungerecht, sondern vor allem auch ökonomisch schädlich. Sie war eine der Ursachen für die größte Finanzmarkt- und Wirtschaftskrise seit 80 Jahren: Die starke Konzentration hoher Einkommen und Vermögen ließ immer mehr Kapital in Devisen-, Rohstoff- und Zinswetten fließen, denn Investitionen in Maschinen und Arbeitsplätze rentierten sich für die Vermögenden immer weniger. Anstatt von einer *Neiddebatte* zu sprechen, sollten unsere politischen Vertreter lieber die Gier einiger Weniger anprangern und die Wenigen benennen, die bei steigender öffentlicher Armut immer reicher werden, aber jeden Versuch der Rückverteilung abwehren wollen. Ohne Gesetzesänderungen und veränderte Rahmenbedingungen für das Wirtschaften der Kapitaleigner wird sich an der Eigentumsverteilung und dem bedauernswerten Zustand von Hunderten Millionen Menschen nicht viel ändern.

Es ist an der Zeit, sich politisch einzumischen und Erneuerungen zu fordern. Die weltweite Versklavung in der Arbeitswelt, die Menschen beliebig einsetzt oder aussortiert, muss beendet werden. Wir brauchen ein Menschheitsziel, das es allen ermöglicht, in menschenwürdigen Verhältnissen zu leben. Wir, die noch relativ unabhängigen Menschen in den demokratischen Industrieländern, müssen unsere Demokratien verteidigen. Die Vereinnahmung des Staates durch Parteien ist durch das Grundgesetz nicht legitimiert. Das Parteiensystem und die Selbstbedienungsmentalität der Politiker, die Korruption und Einflussnahme auf Gesetzgebungen durch die Wirtschaft müssen beseitigt werden. Befreien wir uns von dem staatszersetzenden Berufspolitikertum und erobern unsere Demokratie zurück. Es ist höchste Zeit, denn der Kampf der Eliten um die zukünftigen Zugänge von noch nicht zugänglichen Weltgegenden, über und unter Wasser, wie z. B. der Antarktis, hat schon längst begonnen. Für diese Auseinandersetzungen bedienen sie sich der Staatsregierungen unter Einflussnahme der Gesetzgebung.

Das Wissen um die Auswirkungen des Rechts auf unbegrenztes Eigentum verpflichtet uns den nachfolgenden Generationen gegenüber, etwas zu unternehmen. Unbegrenztes Eigentum ist ein elitäres Recht und abzuschaffen. Die Transformation eines weltweit geltenden Eigentumsrechts ist unabdingbar.

Die Möglichkeiten einer Reform des Eigentumsrechts, im Zusammenhang mit den revolutionären Erkenntnissen der Quantenphilosophie und der Gemeinwohlökonomie, werden im Kapitel 10 (*Lösungswege*) noch detailliert ausgeführt.

In den Kapiteln 6 und 7 (*Kriegsvölker- und Eigentumsrecht*), wurde gezeigt, unter welchen Umständen die heutigen Eliten zu ihren Vermögen kamen. Für deren Sicherung und Ausweitung benötigt man eine Organisation, die die Mittel und alle Prozesse kontrolliert.

Die Machtinstrumente der Oligarchen sind Banken – die größte Geißel der Menschheit.

8 Die Allmacht der Banken durch Märkte und Schulden

8.1 Die Hybris der Weltbeherrscher

Wer auf die Idee kommt, die moderne Welt beherrschen zu wollen, sollte zweierlei tun: Seine Macht nur indirekt und vor dem Blick der Öffentlichkeit verborgen ausüben und die Deutungshoheit über das politisch Korrekte erringen, sich quasi zur letzten Instanz dessen erklären, was gesagt werden darf. Sollten Unvernünftige sich den Weltbeherrschern in den Weg stellen, könnten sie selbstverständlich auch beseitigt werden.

Der Begriff *Deutungshoheit/Deutungsmacht* bezeichnet eine Machtstellung die, ausgehend von einer Person, einer Gruppe oder Institution, das für wahr und richtig ansieht, was diese selbst definiert. Damit versuchen jene Gruppen oder Personen, die öffentliche Meinung durch striktes Befolgen ihrer Werte, Ansichten und Meinungen zu beeinflussen. Die Deutungshoheit ist meist manipulierend und unterweist andere durch Zensur oder die Übernahme von gesellschaftlichen sowie politischen Positionen. Im Militär ist die Deutungshoheit durch Befehle gegeben. In der Politik zeigt sie sich durch Meinungsmache und Propaganda.

Wer diese Weltbeherrscher sind, wurde im Kapitel 6 (*Eigentumsrecht*) zum Teil auch namentlich bekannt gegeben. Es wäre irreal, eine vollständige Liste der involvierten Akteure erstellen zu wollen. Wenden wir uns stattdessen ihren Wesensmerkmalen, ihrer Lebensweise und ihren Zukunftsplänen zu. Ein typisches Mitglied dieser selbst ernannten Elite ist sehr reich. Es studiert an einer hervorragenden Universität und ist dann in der Finanzbranche oder in einem großen Industrieunternehmen tätig. Die Herrscher der Welt gehören besonderen Klubs und Gesellschaften an, wie dem *Council on Foreign Relations*, der *Trilateral Commission*, der *Bilderberg Konferenz* oder dem *Bohemian Club*[1]. Sie haben schon früh Vergnügen an politischer Einflussnahme und nutzen dafür ihr Netzwerk aus Politik und Medien, mit dessen Hilfe sie die Welt nach ihren Vorstellungen formen. Ihr Machtmittel ist Geld – unvorstellbare Summen.

Wir haben gesehen, wie diese Vermögen über Generationen aufgebaut wurden. Die Geldelite rekrutiert sich aus einem kleinen Zirkel ruhmvoller Geschlechter. Es ist grotesk, aber die Welt wird nach wie vor von Dynastien beherrscht, ohne dass den Menschen das bewusst wäre; eine Oligarchie, global und im Geheimen agierend. Sie denken und handeln generationenübergreifend. Ihre Programme verfolgen sie mit Verbissenheit, auch wenn das Ziel weit in der Zukunft liegt. Ihre Zukunftspläne für die Menschheit dienen der vermeintlichen *Verbesserung der Welt*. Sie wollen die Weltbevölkerung, die sie *Massen* nennen, deutlich unter eine Milliarde reduzieren. Ein weiterer Plan sieht vor, allen Menschen einen elektronischen Chip in den Körper zu implantieren.[2] Der Chip besitzt die Fähigkeit, eine Identifikationsnummer senden zu können und erlaubt so die Kennzeichnung der Person. Das langfristige Ziel ist allerdings ein Chip, der als allgemeines Zahlungsmittel dienen kann. Damit nähert man sich der Möglichkeit des totalen Überwachungsstaates. Das höchste Ziel der Weltbeherrscher ist es, die Massen unter umfassende Kontrolle zu bringen. Massen lassen sich leichter unterdrücken, wenn sie nicht organisiert sind. Nationalstaaten, die unterschiedliche Ansichten und Strategien haben, sind den Machthabern schon immer suspekt. Sie arbeiten unermüdlich an der Zerstörung der Nationen, der Völker, ihrer Kulturen und Religionen.

Um die Untertanen besser ideologisieren zu können, muss auch der Einfluss der Eltern auf ihre Kinder reduziert werden. Die Zerstörung der Familie dient diesem Zweck. Da beide Elternteile arbeiten müssen, um eine Familie ernähren zu können, werden die Kinder schon in frühester Kindheit fremden Betreuern anvertraut. Mit Krippe, Kindergarten und Schule besitzen die Unterdrücker perfekte Beeinflussungsräume. Die Eltern haben dadurch sehr eingeschränkte Möglichkeiten, ihre Familienwerte an die nächste Generation weiterzugeben. Wenn die Saat der Weltbeherrscher aufgeht, werden aus souveränen Staaten handlungsunfähige Regionen, in der die selbst ernannte Elite ihre unumschränkte Herrschaft ausüben kann, ohne auf Widerstand zu stoßen. Damit käme man den Voraussetzungen für eine Weltregierung sehr viel näher. Statt wie bisher viele Regierungen beeinflussen zu müssen, steuerte man nur eine Weltregierung. Eine faszinierende Aussicht für die Geldelite.

Diese Zukunftsfantasien lassen sich als eine Mischung aus Orwell und Huxley zusammenfassen: Die Welt unter totaler Überwachung inklusive einer Gedankenpolizei, die Inszenierung eines ewigen Krieges – das alles ist Orwell. Künstliche Befruchtung, Euthanasie, genetische Selektion, Ruhigstellung durch Sex und Drogen, Ablenkung durch Spektakel in modernen Kolosseen – das ist Huxley …

In die Gesamtheit dieser Pläne sind nur sehr wenige eingeweiht. Jeder soll nur so viel wissen, wie er zur Erfüllung seiner Aufgabe wissen muss.

Wenn so wenige so viel erreichen wollen, brauchen sie Komplizen. Das weltumspannende Netz der Tyrannen ist gigantisch. Die wichtigsten Verbündeten sind das internationale Finanzsystem, die Politikeliten und die Medien. Eifrig führen die Günstlinge der Weltelite die Pläne ihrer Meister aus. Unterstützung kommt auch von den nationalen Regierungen. Sie dienen den Zielen der Elite durch Beiträge zur Finanzierung oder durch Bereitstellung von Personal für zivile Kampagnen und militärische Feldzüge. Die Schulung der Komplizen findet in vornehmen Zirkeln statt. In außenpolitischen

Gesellschaften, Verbänden und Stiftungen der Wirtschaft und transatlantischen Freundschaftshäusern treffen sie sich mit ihren Instrukteuren, die in Vorträgen zu Themen der Zeit die Strategie für das weitere Vorgehen verkünden. Man kommt ins Gespräch und versichert sich gegenseitig ewiger Treue. Ahnungslos und naiv oder pflichtschuldig und eilfertig werden die aktuellen Parolen intoniert, warum und wie der Terror bekämpft, das Klima gerettet und der Kapitalismus von seinen vielen Fesseln befreit werden sollte.

Seit annähernd 200 Jahren bauen die Weltbeherrscher nun schon an ihrem internationalen System. Sie haben es fast vollendet. Wer das *offizielle Weltbild* anzweifelt, ist ein *Verschwörungstheoretiker*. Dieses Etikett wirkt wahre Wunder. Wer an ein Komplott glaubt, gilt als Spinner – egal, wie viele Argumente er vorbringen kann. Auch wenn es in der Geschichte der Menschheit vor Verschwörern nur so wimmelt, gibt es sie nun offiziell nicht mehr. Sie gehören zum Aberglauben, sind ausgestorben wie Hexen, Alchemie und andere Auswüchse unaufgeklärter Zeiten. Mit dem simplen Begriff *Verschwörungstheoretiker* kann jeder zum nicht mehr ernst zu nehmenden Außenseiter erklärt werden. So immunisiert man sein System gegen Angriffe. Damit dies gelingt, bleibt einem nichts anderes übrig, als den politischen Diskurs fast lückenlos zu überwachen. Alle etablierten Massenmedien müssen die gültigen Ansichten des Wahren und Rechten zuverlässig unterstützen. Sollte eine Gesellschaftsgruppe von gewisser Bedeutung ausscheren, ist sie sofort von der Meinungspolizei intellektuell zu erledigen. Die gängigen Strafen reichen von der gesellschaftlichen Ächtung über die berufliche Zerstörung bis zur gewaltsamen Beseitigung. Beispielhaft für eine solche Denunziation in jüngster Zeit seien Daniele Ganser (Schweizer Historiker und Friedensforscher), Prof. Dr. Rainer Rothfuß (Geowissenschaftler) und Ken Jebsen (deutscher Journalist) genannt. Dr. Rainer Rothfuß hat von 2009 bis 2015 an der *Universität Tübingen* als Professor im

Fachbereich Geowissenschaften/Humangeografie geforscht und sich dabei speziell mit dem Thema der Feindbildgenese beschäftigt. Zum Ende seiner Universitätskarriere hat er im Rahmen einer öffentlichen Vortragsreihe unter anderem den Botschafter der *Russischen Föderation* Wladimir Michailowitsch Grinin wie auch den Schweizer Historiker Dr. Daniele Ganser eingeladen. Fürs Einladen dieser beiden Referenten wurde er heftig kritisiert. Ken Jebsen hat in seinem Internetportal *KenFM* Prof. Rothfuß interviewt.[3] Themen dieses Interviews waren unter anderem die Erzeugung von Feindbildern und die Rolle, die die Medien dabei spielen, Realität zu erzeugen. Dr. Rainer Rothfuß: *Es ist in der Tat so, dass es nicht karriereförderlich ist, sich in brisante Themen einzuschalten und da eine vom Mainstream abweichende Meinung einzunehmen. Das ist extrem gefährlich, was die Karriereentwicklung angeht ... Die Medien haben sich nicht bewährt, als vierte Gewalt im Staate ...* Die mutigen Äußerungen des Wissenschaftlers zu aktuellen politischen Themen wurden von der Mainstreampresse scharf kritisiert. Seine Stelle als Junior-Professor an der *Universität Tübingen* wurde nicht verlängert. Rothfuß hatte es gewagt, sich als damaliger Vorsitzender der *Internationalen Gemeinschaft für Menschenrechte* auch mit der Ukraine-Krise zu beschäftigen. Er hat auch noch die Kühnheit besessen, Dr. Daniele Ganser als Dozent zu laden und einem privaten russischen Presseportal ein Skype-Interview zu geben. Da endet dann die Presse- und Meinungsfreiheit auch an deutschen Universitäten, vor allem, wenn wie in Tübingen ein Mitglied der Atlantik-Brücke und des *Aspen-Instituts*[4] – Klaus Kleber – die *neutrale Linie* der Universität verkörpert. Klaus Kleber ist seit 2015 Honorarprofessor für Medienwissenschaften in Tübingen. Wenn diese Praxis der Täuschung es fertigbringt, aus Wahrheit Lüge und aus Lüge Wahrheit zu machen, sind die Oligarchen des Geldes an ihrem Ziel. Willkommen im *Zeitalter der Weltbeherrscher*.

Geld ist das bevorzugte Machtmittel der Weltbeherrscher. Es dient der Belohnung und der Bestrafung und steht ihnen unbegrenzt zur Verfügung. Im Folgenden wird der Zusammenhang der Versklavung der Menschen und Staaten durch Schulden dargestellt.

8.2 Banken, Geld und Schulden

Seit die Menschen sesshaft wurden, laufen die Dinge stets gleich ab: Es bildete sich eine Elite, die versucht, alle anderen unter ihr Joch zu zwingen. Es gab immer wieder Zeiten, in denen die Machthaber Kriege inszenierten, durch die Menschen sich gegenseitig abschlachteten. Meistens erachteten die Herrschenden es jedoch als vorteilhafter, andere für sich arbeiten zu lassen und daraus Kapital zu schlagen. Wenn man am Bau einer Pyramide mitwirken, ein Drittel seiner Ernte als Tribut abführen oder die Hälfte seines Einkommens an die Steuer abgeben muss, macht man die Mächtigen reicher. Man wird zur *Humanressource*, die ausgebeutet wird und einzig den Interessen der Herrschaft dient.

Die Sklaverei ist heutzutage weltweit verboten, dennoch ist eine der heimtückischsten Formen weiter verbreitet denn je. Sie nennt sich *Schulden* und praktisch jede wichtige Entscheidung unseres Lebens führt dazu, dass wir noch tiefer in die Fänge der Repression geraten. Schauen wir auf das Land der unbegrenzten Möglichkeiten, die USA. Zu Beginn des Erwachsenenlebens drängt man die jungen Menschen dazu, zu studieren. Resultat: Die Verbindlichkeiten der Amerikaner für Studienkredite betragen aktuell über 1.200 Milliarden Dollar. Später kauft man sich ein Eigenheim. Die meisten Amerikaner benötigen dafür ein Hypothekendarlehen, das sie sich kaum leisten können. Und wenn man ein Fahrzeug will, geht das meist mit einem Kredit einher, der über fünf oder sechs Jahre läuft. Heiraten? Meist ein teurer Spaß, der noch mehr Schulden nach sich zieht. Es gibt keine Gesellschaft auf diesem Planeten, die mit ihren Kreditkarten tiefer in der Kreide steht als die Amerikaner.

Weltweit sind wir fast alle Sklaven der Schulden und während wir langsam unsere Kredite abstottern, sorgen wir dafür, dass die Eliten, die uns dazu verleitet haben, überhaupt erst solche Schuldenberge anzuhäufen, massive Gewinne einstreichen. An der Spitze dieses Systems der Versklavung durch Schulden steht in den USA die amerikanische Notenbank, die *Federal Reserve*, kurz *Fed*. Sie hat die Aufgabe, so viele Schulden wie nur möglich zu produzieren.

Die meisten Menschen glauben, dass die amerikanische Notenbank eine Behörde sei und zur Regierung gehöre, aber das stimmt ganz und gar nicht. Die *Fed* ist ein nicht gewähltes Zentralbankenkartell, das niemandem gegenüber Rechenschaft ablegen muss. Vor Bundesgerichten hat die Bank argumentiert, sie sei *keine Behörde* der Regierung und unterliege deshalb auch nicht dem *Freedom of Information Act*, dem Gesetz also, das Bürgern Einsicht in die Dokumente der Exekutive gewährt. Die zwölf regionalen *Federal-Reserve*-Banken sind viel stärker im Stil von privatwirtschaftlichen Unternehmen organisiert und geben Anteilsscheine an die Mitgliedsbanken aus. Sie sind es, denen die *Federal-Reserve*-Banken gehören. 100 Prozent der Aktionäre der *Fed* sind privatwirtschaftliche Banken.

Im 6. Kapitel wurde darauf hingewiesen, dass dieses Unternehmen in Privatbesitz ist und durch die Rothschilds, Rockefellers und Morgans kontrolliert wird. Es druckt das Geld für die US-Regierung, der keine Anteile der *Fed* gehören. Viele Menschen glauben auch, dass die Regierung der USA Geld *ausgibt*, aber auch das trifft nicht zu. Das derzeitige System sieht so aus, dass sich die Regierung Geld leiht, das die *Fed* aus dem Nichts erschafft. Die Großbanken, die Ultrareichen und andere Länder kaufen die entstehenden Schulden und die Kreditnehmer enden als ihre Schuldsklaven.

Unter dem Strich bedeutet das: Die Elite hält die Schuldeninstrumente in ihren Händen und wir alle sind kollektiv für den ungebremst wachsenden Schuldenberg verantwortlich. Ständig versprechen uns unsere Politiker, die Schuldensituation in den Griff zu bekommen, aber es ist nie ausreichend Geld da, den Staat zu finanzieren und die Zinsen für die wuchernden Schulden zu bezahlen. Dadurch wird es notwendig, sich mehr und mehr Geld zu leihen.

1913 wurde das *Federal-Reserve*-System erschaffen, und zwar in der Absicht, eine ewige Spirale der Staatsverschuldung zu kreieren, aus der kein Entkommen möglich ist. Genau das ist eingetreten. Vor 40 Jahren betrug die Staatsverschuldung der Vereinigten Staaten weniger als 500 Milliarden Dollar. Heute ist sie auf nahezu 18.000 Milliarden Dollar explodiert.

Aber die Staatsverschuldung ist nur ein Teil der Geschichte. Die Großbanken, die die Notenbank kontrollieren, streben danach, auch das Leben jedes Einzelnen über den Schuldenhebel zu dominieren.

Wir sind eine Gesellschaft geworden, die nach dem Motto lebt: *Heute kaufen, morgen bezahlen*. Die Folgen sind katastrophal. Vor 40 Jahren betrug die Gesamtverschuldung des Systems knapp über 2.000 Milliarden Dollar. Bis heute hat sie sich mehr als verhundertfacht.

Schulden bedeuten, dass man jemandem etwas schuldig ist. Präzisieren wir das einmal: Die weltweiten Schulden sind einer Studie zufolge im vergangenen Jahr gewachsen. Sie erhöhten sich um 7,6 auf 215 Billionen Dollar (202 Billionen Euro), wie das *Institute for International Finance* – der weltweite Verband der Finanzbranche – in Washington mitteilte. Die Summe entspreche 325 Prozent der weltweiten Wirtschaftsleistung.[5]

Die Großbanken verleihen nicht etwa Geld, weil sie Menschen helfen wollen, ihre Träume zu verwirklichen. Die Eliten verleihen Geld, weil es ihnen dabei hilft, noch reicher zu werden. Ein Beispiel: Wenn man bei einem Bankdarlehen jeden Monat nur die Mindestrate begleicht, würde man letztlich ein Mehrfaches dessen bezahlt haben, was man sich ursprünglich geliehen hat. Es ist eine heimtückische Form der Schuldenversklavung und die meisten Menschen durchschauen sie schlichtweg nicht. Unterdessen arbeiten die Zentralbanken systematisch daran, das zu zerstören, was man sich an Vermögen aufgebaut hat. Will man dem System ein Schnippchen schlagen und Geld beiseitelegen, dann sorgt die Inflationspolitik der Zentralbank dafür, dass die Kaufkraft des Ersparten sinkt. Seit der Gründung der *Fed* 1913 hat der US-Dollar etwa 98 Prozent an Wert verloren.

Viele Menschen glauben, wenn wir bloß die richtigen Leute schicken würden, dann käme unsere Wirtschaft wieder in die richtige Spur. Sie verstehen nicht, dass unser System völlig irreparabel ist. Wir stecken in einer ewigen Schuldenspirale, an deren Ende ein furchtbarer Zusammenbruch lauert. Hier oder da ein wenig an den Schrauben zu drehen oder die Steuern etwas anzupassen, hilft nicht weiter. Was unsere Politiker an *Lösungen für die Wirtschaft* diskutieren ist so, als würde man an Bord der Titanic darum streiten, in welche Richtung die Liegestühle ausgerichtet werden sollen. Und natürlich will die Elite auch gar nicht, dass wir wirklich verstehen, was abläuft.

Nur ein Beispiel: Die *Federal Reserve* ist eine der wichtigsten Einrichtungen in der amerikanischen Gesellschaft und steht im Mittelpunkt des Wirtschaftssystems. Aber was lernt der Nachwuchs in der Schule über die *Fed*? Praktisch nichts. Der Großteil der Jugendlichen hat nicht die geringste Ahnung, wo das Geld herkommt. Wenn die Menschen begreifen würden, was für ein Spiel man mit ihnen

treibt, würden die meisten sich dagegen auflehnen – und das weiß die Elite. Henry Ford, der Begründer der *Ford Motor Company*, sagte einst: *Es ist schon gut, dass die Menschen in diesem Land nichts von unserem Banken- und Geldwesen verstehen. Wenn sie es täten, hätten wir noch vor morgen früh eine Revolution.*
Dieses Wissen müssen so viele Menschen wie möglich erlangen. Die Welt muss sich darüber klar werden, dass unsere Gesellschaft von einem heimtückischen System kontrolliert wird, in dessen Mittelpunkt die Versklavung durch Schulden steht.

Die Protagonisten der Macht und ihr Vorgehen wurden beschrieben. Nachfolgend werden nun die Zusammenhänge und die aktuelle Eskalation an einem Beispiel dargelegt.

9   Machtmittel der Eliten im Kontext

Die von der Herrschaftsklasse verursachten Gräuel können wir nicht ungeschehen machen, aber wir können aus der Vergangenheit lernen. In diesem Kapitel wird die Vorgehensweise des neoliberalen Systems am Beispiel der Totalausbeutung des Menschen dargestellt. Sämtlichen Beherrschungssystemen ist eines gemeinsam: Sie dienen durch Repression verschiedener Art vor allem dem Anwender. Historisch betrachtet dominierten als gesetzgebende Gewalt der lokale Adel, der Klerus und der König. Man nutzte die Menschen im Einflussbereich vor allem für die eigenen Bedürfnisse, für ein Leben mit Bedarfs- und Gebrauchsgütern von hoher Qualität. Sämtliche Annehmlichkeiten lieferten die Untertanen. Die erlassenen Gesetze, vor allem das Eigentums- und Kriegsrecht, verschafften der Avantgarde einen Machtzuwachs durch Kolonisation, Plünderung und Ausbeutung, die bis in unsere heutige Zeit Bestand haben. Durch die internationale Gesetzgebung wird dieses Unrecht früherer Zeiten legitimiert. Selbst für die bösartigste Form der Ausbeutung und Unterdrückung, der Sklaverei, wurden Gesetze erlassen. Der Klerus beteiligte sich an all diesen repressiven Methoden – überwiegend mit eigenem Ordnungsschema –, meist als Partner der weltlichen Macht.

Wenn Moral die Schaffung und Anwendung entsprechender Gesetze ermöglichen würde, käme es zwangsläufig zu einer Umverteilung der im Laufe der Jahrhunderte durch Raubzüge angehäuften Vermögen, die aus moralischer Sicht auf illegitime Weise erlangt wurden. Aber die Moral findet sich in unserer Gesetzgebung kaum wieder, sie ist vielmehr ein sehr seltenes Gut. Dass unsere politischen Akteure einen erheblichen Moralmangel haben, zeigt sich überdeutlich durch die Schaffung eines Parteiensystems, das sich durch Fraktionszwang der Demokratie bemächtigt hat. Der/die Abgeordnete wird verpflichtet, seine/ihre Stimme nur im Sinne der Fraktionsbeschlüsse abzugeben. Das ist mit unserem Grundgesetz unvereinbar.[1] Mit dieser gesetzeswidrigen Maßnahme wurde die Herrschaft des Volkes weitestgehend abgeschafft.

Die moralische Gesinnung hat dazu geführt, dass die Staaten der Welt, unabhängig davon, ob sie demokratisch oder despotisch organisiert sind, von einer politischen und wirtschaftlichen Elite beherrscht werden. Dieser Skandal muss den Menschen bewusst werden.

Systemische Totalausbeutung des Menschen

Die Digitalisierung beschleunigt die kommerzielle Ausbeutung des Menschen. Der heutige Hyperkapitalismus löst die menschliche Existenz vollkommen auf, kein Lebensbereich kann sich der kommerziellen Verwertung entziehen. Beispielhaft steht dafür der Begriff *Customer-Lifetime-Value*. Diesem liegt die Absicht zugrunde, die ganze menschliche Person, ihr gesamtes Leben in rein kommerzielle Werte umzuwandeln.

Zu diesem Thema äußerte sich der an einer *Berliner Universität* lehrende Philosoph Byung-Chul Han in seinem Essay wie folgt:[2] (…) *Gerade die zunehmende Digitalisierung der Gesellschaft erleichtert, erweitert und beschleunigt in erheblichem Maße die kommerzielle Ausbeutung des menschlichen Lebens. Sie unterwirft Lebensbereiche, die bisher dem kommerziellen Zugriff unzugänglich waren, einer ökonomischen Ausbeutung. So tut es heute not, neue Lebensbereiche zu errichten, ja neue Lebensformen zu entwickeln, die sich der kommerziellen Totalausbeutung des menschlichen Lebens widersetzen.* (…)

Ein Beleg dafür ist der New Yorker *Apple-Shop*, ein Kubus aus reinem Glas, im Inneren völlig leer. Er ist wohl das architektonische Gegenbild der *Kaaba* in Mekka mit ihrem schwarzen Umhang. *Ka-*

aba heißt wörtlich *Kubus*. Der Kubus in Mekka ist ebenfalls völlig leer und steht für eine theologische Ordnung, die der hyperkapitalistischen Ordnung des New Yorker Quaders entgegengesetzt ist. Han ist der Meinung, dass der *Apple-Shop* und die *Kaaba* zwei Herrschaftsformen darstellen. Der transparente Kubus präsentiere sich zwar als Freiheit und symbolisiere grenzenlose Kommunikation, aber diese Transparenz sei selbst eine Herrschaftsform, die heute die Form eines digitalen Totalitarismus annehme. Er kündige eine neue Herrschaft an: die Herrschaft des Hyperkapitalismus. Dieser symbolisiere die heutige Totalkommunikation, die immer mehr mit der Totalüberwachung und Totalausbeutung zusammenfalle. Es ist belegt, dass die *Kaaba* in Mekka verschlossen ist und nur Geistliche Zugang ins Innere des Baus haben. Der transparente Kubus in New York ist hingegen rund um die Uhr geöffnet. Jeder hat als Kunde Zutritt. Wir teilen Hans Auffassung, dass hier zwei entgegengesetzte Herrschaftsordnungen vorliegen, nämlich die Herrschaft der Schließung und die Herrschaft der Öffnung. Professor Han meint dazu, dass der *Apple-Shop* effizienter sei als die *Kaaba*. Der gläserne Kubus soll Freiheit vermitteln, jedoch feiert hier der Hyperkapitalismus eine Hyperkommunikation, die alles durchdringe, durchleuchte und ins Monetäre umwandle. Kommunikation, Kommerz und Konsum fielen hier zusammen.

Han geht in seinem Essay auch den Fragen nach, warum heute gegen den weltbeherrschenden Kapitalismus keine Revolution mehr möglich ist, warum das neoliberale Herrschaftssystem so stabil ist und es kaum Widerstände dagegen gibt, trotz einer immer größer werdenden Schere zwischen Reich und Arm. Für präzise Antworten ist ein genaues Verständnis davon notwendig, wie Macht und Herrschaft heute funktionieren. Wer ein neues Herrschaftssystem installieren will, muss Widerstände beseitigen. Das gilt auch für das neoliberale Herrschaftssystem. Dazu meint Prof. Han, dass zur Einsetzung eines neuen Herrschaftssystems eine setzende Macht notwendig sei, die oft mit Gewalt einhergehe. Aber diese setzende Macht nicht identisch mit der das System nach innen hin stabilisierenden Macht sei. Bekannt ist, dass Margaret Thatcher als Vorkämpferin des Neoliberalismus die Gewerkschaften als Feind im Inneren behandelte und sie gewaltsam bekämpfte. Der gewaltsame Eingriff zur Durchsetzung der neoliberalen Agenda ist jedoch nicht jene systemerhaltende Macht. Denn die systemerhaltende Macht ist nicht mehr repressiv, sondern verführend. Die systemerhaltende Macht der Disziplinar- und Industriegesellschaft war repressiv. Fabrikarbeiter wurden durch Fabrikeigentümer brutal ausgebeutet. Die gewaltsame Fremd-Ausbeutung der Fabrikarbeiter führte zu Protesten und Widerständen. Das ermöglichte eine Revolution, die das herrschende System umstürzte. In diesem repressiven System waren die Unterdrückung als auch die Unterdrücker sichtbar. Es gab ein konkretes Gegenüber, einen sichtbaren Feind, dem der Widerstand galt.

Das menschenverachtende, neoliberale Herrschaftssystem ist ganz anders strukturiert. Han meint dazu sinngemäß, dass die systemerhaltende Macht nicht mehr repressiv, sondern seduktiv, das heißt verführend sei. Sie wäre nur noch bedingt sichtbar und es gäbe kein konkretes Gegenüber mehr, keinen Feind, der die Freiheit unterdrücke und gegen den ein Widerstand nötig wäre. Der Neoliberalismus formt aus dem unterdrückten Arbeiter einen freien Unternehmer. Jeder ist heute ein selbstausbeutender Arbeiter seines eigenen Unternehmers und damit Herr und Knecht in einer Person. Der Klassenkampf verwandelte sich in einen inneren Kampf mit sich selbst. Wer diesen Kampf verliert, scheitert und beschuldigt sich. Anstatt die gesellschaftliche Ordnung zu hinterfragen, sucht man die Probleme in der eigenen Unzulänglichkeit. Der unterworfene Mensch ist sich nicht einmal mehr seiner Unterworfenheit bewusst. Die mit großem Kraftaufwand betriebene disziplinarische Macht ist nicht effizient, wesentlich effizienter ist eine Vorgehensweise, die den Menschen dazu bringt, sich freiwillig der Machtstruktur unterzuordnen. Die besondere Effizienz rührt daher, dass sie nicht durch Verbot und Entzug, sondern durch Gefallen und Erfüllen wirkt. Statt Menschen gefügig zu machen, versucht sie, sie abhängig zu machen. Diese Effizienzlogik des Neoliberalismus gilt auch für die Überwachung. Denn in den 1980er-Jahren hat man heftigst gegen die Volkszählung protestiert. Es war eine Zeit, in der man glaubte, dem Staat als Herrschaftsinstanz gegenüberzustehen, der den Bürgern gegen deren Willen Informationen abverlangt. Diese Zeit ist längst vorbei. Heute entblößen wir uns aus freien Stücken. Es ist gerade diese gefühlte Freiheit, die Proteste unmöglich macht. Im Gegensatz zur Zeit der Volkszählung wird heute kaum gegen die Überwachung rebelliert. Freie Selbstdarstellung und Selbstentblößung folgt derselben Logik wie die freie Selbstausbeutung. Sollen wir gegen uns selbst protestieren? Wir müssen lernen, zwischen setzender und erhaltender Macht zu unterscheiden. Die systemerhaltende Macht nimmt heute eine smarte, freundliche Form an und wird dadurch für uns unsichtbar und unangreifbar. Der unterworfene Mensch ist sich dadurch nicht einmal mehr seiner Unterworfenheit bewusst und wähnt sich in Freiheit. Diese Herrschaftstechnik neutralisiert den Widerstand sehr effektiv. Eine Herrschaft, die Freiheit unterdrückt und angreift, ist instabil. Das neoliberale Regime ist deshalb so stabil und gegen jeden Widerstand immunisiert, weil es von der Freiheit Gebrauch macht, statt sie zu unterdrücken. Die Unterdrückung der Freiheit provoziert heftigen Widerstand. Die Ausbeutung der Freiheit dagegen nicht.

Beispielhaft beschreiben wir die Ausbeutung der Freiheit durch das Handeln der Weltmacht IWF in Südkorea: Durch die Asienkrise war Südkorea gelähmt und geschockt. Der IWF gab den Koreanern

Kredite. Im Gegenzug musste die Regierung die neoliberale Agenda gewaltsam, auch gegen Proteste, durchsetzen. Hier zeigt sich die repressive Macht als setzende Macht, die oft auf Gewalt zurückgreift. Aber diese Macht unterscheidet sich von der systemerhaltenden Macht, die sich im neoliberalen Regime sogar als Freiheit gibt. Naomi Klein beschreibt, dass der gesellschaftliche Schockzustand nach Katastrophen wie der Finanzkrise in Südkorea oder Griechenland eine Gelegenheit ist, die Gesellschaft gewaltsam einer radikalen Neuprogrammierung zu unterwerfen. Heute gibt es in Südkorea so gut wie keine Widerstände mehr. Es herrscht ein großer Konformismus und Konsens. Die Folgen sind Depression und Burn-out, mit der weltweit höchsten Suizidrate. Anstatt durch Aggression die Gesellschaft ändern zu wollen, was eine Revolution zur Folge hätte, wendet man Gewalt gegen sich selbst an. Die Aggression nach außen weicht einer Selbstaggression. Dadurch gibt es heute so gut wie keine lokalen und globalen Protest- und Revolutionspotenziale. Früher standen Unternehmen miteinander in Konkurrenz. Innerhalb des Unternehmens war dagegen eine Solidarität möglich. Heute konkurriert jeder mit jedem, auch innerhalb eines Unternehmens. Diese absolute Konkurrenz erhöht zwar die Produktivität enorm, aber sie zerstört Solidarität und Gemeinsinn. Die erschöpften, depressiven, vereinzelten Individuen sind zu keinem Aufstand mehr fähig. Heute stürzen sie sich mit Euphorie in die Arbeit bis zum Burn-out. Der Beginn des Burn-out-Syndroms ist die Euphorie. Burn-out und Revolution schließen sich aus. Was prophezeit uns die Ökonomie des Teilens? Führt das Teilhaben lassen zu einer Totalkommerzialisierung des Lebens? Wie steht es heute mit der kommunistischen Idee? Überall schwört man auf Sharing und Community, sie sollen die Ökonomie des Eigentums und des Besitzes ablösen. Sharing is Caring, Teilen ist Heilen, so heißt eine Maxime der Circler im neuen Roman von Dave Eggers, The Circle. Der Fußweg zur Firmenzentrale von Circle ist durchsetzt mit Sprüchen wie Sucht Gemeinschaft oder Bringt euch ein. Auch die digitale Mitfahrzentrale Wunder Car, die jeden von uns zum Taxi-Fahrer macht, wirbt mit der Idee der Community. Doch es ist ein Irrtum zu glauben, dass die Sharing-Ökonomie ein Ende des Kapitalismus, eine globale, gemeinschaftlich orientierte Gesellschaft einläutet, in der Teilen mehr Wert hätte als Besitzen. Ganz im Gegenteil, denn die Sharing-Ökonomie führt letzten Endes zu einer Totalkommerzialisierung des Lebens. Der Wechsel vom Besitz zum Zugang befreit uns nicht vom Kapitalismus. Wer kein Geld besitzt, wird auch dann keinen Zugang zum Sharing haben. Dazu meint Professor Han treffend: *Auch im Zeitalter des Zugangs leben wir weiterhin im Bannoptikum, in dem diejenigen, die kein Geld haben, ausgeschlossen bleiben.* Airbnb, *der Community-Marktplatz, der jedes Zuhause in ein Hotel verwandelt, ökonomisiert sogar die Gastfreundschaft. Die Ideologie der Community oder der kollaborativen Commons führt zur Totalkapitalisierung der Gemeinschaft* (...) Eine zweckfreie Freundlichkeit wird fast unmöglich. In einer Gesellschaft der wechselseitigen Bewertung wird auch die Hilfsbereitschaft kommerzialisiert. Man wird freundlich, um bessere Bewertungen zu erhalten. Damit herrscht auch in dieser Form der Ökonomie die harte Logik des Kapitalismus. Bei diesem Teilen gibt paradoxerweise niemand etwas freiwillig ab. Hier scheint sich der Kapitalismus in dem Moment zu vollenden, in dem er den Kommunismus als Ware verkauft. Der Kommunismus als Konsumgut, das ist das Ende der Revolution. Dazu meint Han, dass sich die Welt als Warenhaus, als digitales Panoptikum mit einer Totalüberwachung erweise. Totalausbeutung und Totalüberwachung seien zwei Seiten einer Medaille. Das Unternehmen *Acxiom* (ein Dienstleister für kundenfokussiertes Marketing) unterteilt Menschen in 70 Kategorien, aus rein ökonomischem Blickwinkel. Die Personengruppen, die einen sehr geringen Kundenwert aufweisen, bezeichnet man als *Waste*, also Abfall. Massendaten machen Prognosen des menschlichen Verhaltens möglich, dadurch wird die Zukunft berechenbar und manipulierbar. Han resümiert: *Big Data erweist sich als ein sehr effizientes psychopolitisches Instrument, das es erlaubt, Menschen wie Marionetten steuerbar zu machen. Big Data erzeugt ein Herrschaftswissen. Dieses macht es möglich, in die menschliche Psyche einzugreifen und sie zu beeinflussen, ohne dass die Betroffenen es merken. Die digitale Psychopolitik degradiert die menschliche Person zu einem Objekt, das quantifizierbar und steuerbar ist. Somit kündigt Big Data das Ende des freien Willens an.* (…)

Byung-Chul Han hat in dieser Untersuchung die Methoden des Neoliberalismus, der den Hyperkapitalismus antreibt, einprägsam und in erschreckender Form dargestellt. Die Folgen für das Individuum und die Gesellschaften sind verheerend. Die methodische Vereinzelung des Menschen wird ebenso deutlich sichtbar wie das ausbeuterische System und seine Profiteure. Ein Widerstand gegen die derzeitigen Verhältnisse kann nur durch Wissen um die aktuellen Gegebenheiten entstehen. Wir beabsichtigen, mit der Vermittlung der Wahrheit den Widerstand und die Empörung gegen das herrschende System zu fördern und zu beschleunigen. Die derzeitige Situation müsste die globalen Generationen jedenfalls grundlegend zum Nachdenken anregen. Gesellschaftliche Prinzipien sind aus zahlreichen Gründen zu hinterfragen, vor allem das Politik- und Wirtschaftssystem. Wer definiert die gesellschaftliche Moral, um Korruption, Machtmissbrauch, Ausbeutung, Kriege und Gewalt in jeglicher Form zu brandmarken?

Wir leben in einem Zeitalter, in dem man den bisher größten technischen Fortschritt erlebt, in dem wir die komplexesten Prozesse der Natur erforschen und sie zu verstehen versuchen. Es erscheint uns das Unmögliche möglich. Der Drang Neues, Besseres zu erschaffen treibt uns an. Weshalb sind wir dann aber unfähig und nicht in der Lage, die gesellschaftliche Situation zu verstehen? Geschweige denn, eine Vorstellung zu Alternativen und grundlegenden Veränderungen zu entwickeln? Liegt es daran, dass die Menschen noch in einem System leben, das schon seit Jahrhunderten vorherrscht, ohne den Fortschritt eines wirklichen und wahrhaftigen Bewusstseins für Freiheit, Frieden und fundamentale Veränderungen erkannt zu haben? Sind es die Naivität, die Manipulation, das mindere Verständnis, vor allem die Bequemlichkeit und die Trägheit, die uns hindern, alte Denkmuster und den Systemzwang zu überwinden? Weshalb gehen wir nicht den verheißungsvollen Weg, der beschritten werden müsste, eine gleichberechtigte und faire Gesellschaftsstruktur zu erschaffen? Weil wir in einem System leben, das von dessen Profiteuren geschaffen wurde. Das System ist so gestaltet, dass es uns sehr schwerfällt, es hinterfragen und verändern zu wollen, geschweige denn es tatsächlich zu tun. Das Netz der Willkürherrschaft, unsere Konditionierung und unsere Ängste machen es nahezu unmöglich. Das ist vielen Menschen in ihrer Staatsgläubigkeit nicht einmal bewusst.

In diesem Zusammenhang stellen sich folgende Fragen:

- Was kann, was muss geschehen?
- Ist eine Entmachtung der global agierenden *Herren der Welt* möglich?
- Kann das weltweite Wirtschafts- und Politiksystem grundlegend reformiert werden?
- Wie müsste eine zukünftige Gesellschaft beschaffen sein, in der die Menschheit ein würdiges Leben führt?
- Können wir es erreichen, dass die Natur und damit die Lebensgrundlage für alles Lebendige wieder in ihr natürliches Gleichgewicht kommen?

Die Suche nach Antworten auf die drängendsten Fragen eines grundlegenden Wandels der globalen Gesellschaftsordnung führte zu den zukunftsweisenden Erkenntnissen der Quantenphysik.

Als Max Planck am 14. Dezember 1900 vor der *Deutschen Physikalischen Gesellschaft* seine Formel präsentierte, kam das einer Revolution in der Wissenschaft gleich: Der Physiker brach mit der Vorstellung, Energie könne in beliebig kleinen Mengen abgegeben werden. Planck führte mit seinem *Wirkungsquantum* kleinste Energiepakete in die Physik ein. Die daraus resultierende Berechnung konnte erstmals die Beobachtungen der Wärmestrahlung perfekt beschreiben. – Die Quantenphysik war geboren. Plancks Entdeckung hatte weitreichende philosophische Konsequenzen, denn die Erkenntnis, dass nicht alle Dinge in der Natur vorhersagbar und berechenbar sind, beschäftigte nun auch die Philosophen.

Die Lehre der deterministisch aufgebauten Naturwissenschaft *Physik* wurde bis in jüngster Zeit von der Wissenschaft egozentrisch verteidigt, aber letztlich vergeblich, denn die seit Jahren durch Forschungen bestätigten Erkenntnisse im Bereich der Quantenphysik und Quantenphilosophie haben bedeutungsvolle Auswirkungen auf die menschlichen Gesellschaften und revolutionieren unser Weltbild über die Stellung unseres Geistes und unserer Seele im Universum.

10 Überwindung der Repression durch Erkenntnisse der Quantenphysik – Quantenphilosophie

Der erste Schluck aus dem Becher der Wissenschaft führt zum Atheismus, aber auf dem Grund des Bechers wartet Gott.

Der Physik-Nobelpreisträger Werner Heisenberg

Seit jeher haben sich hervorragende Philosophen den Kopf darüber zerbrochen, wie Geist und Materie, wie Körper und Seele in Verbindung stehen. Es gab die, die meinten, dass der Leib aus Materie geformt und dem Geist das Leben von Gott eingehaucht wird. Materie und Geist seien damit völlig verschiedene, unabhängig voneinander existierende Komplexe. Dagegen meinten andere, z. B. Platon, dass die Grundlage der Welt geistig sei und wir davon fast gar nichts wahrnehmen könnten, unser Empfinden aber als die Wirklichkeit auffassen würden.

Mit Beginn der sogenannten *Neuzeit* (Anfang des 16. Jahrhunderts) entstanden die Naturwissenschaften, die Methoden entwickelten, die Natur durch Experimente zu erforschen. Die Wissenschaftler konzentrierten sich auf Beobachtbares und Berechenbares. Da diese Forschungsart zu vorher unvorstellbarer Entwicklung der Technik und Medizin führte, wuchs die Überzeugung, dass diese Betrachtungsweise der Natur die Richtige sei. Diese Sichtweise, dass alles eigentlich nur Materie ist, dominiert bis heute die Forschungsmethoden und die Art der Interpretation der Untersuchungsergebnisse innerhalb der Naturwissenschaften.

Eine zunehmende Zahl internationaler Forscher ist aber der Überzeugung, dass unser heutiges Wissen der Naturwissenschaft unvollständig ist. Sie wollen die Rolle unseres Geistes, des Bewusstseins, der Seele im Universum vereinfacht und allgemein verständlich erklären. Dabei ist es notwendig, auf die Quantenphysik, die klassische und moderne Physik sowie die sich daraus ergebene Quantenphilosophie einzugehen.

10.1 Quantenphysik

Das physikalische Weltbild hat nicht unrecht mit dem, was es behauptet, sondern nur mit dem, was es verschweigt.

Carl Friedrich von Weizäcker

Bereits die Forscher im alten Griechenland nahmen an, dass alle uns umgebene Materie aus winzigen Teilchen, den Atomen (von griechisch *atomos, unteilbar*) bestehen. Lange Zeit galten diese Atome als elementare Teilchen, die nicht weiter teilbar seien. Erst Anfang des 19. Jahrhunderts entdeckte der Engländer Ernest Rutherford[1] bei einem Experiment, dass diese Atome aus positiv geladenen Kernen und negativ geladenen Elektronen bestehen, wobei der Raum zwischen ihnen quasi leer ist. Damit hatte die Vorstellung von Atomen als unteilbare Elementarteilchen ihr Ende.

Atome sind die Bausteine aller Materie und die kleinste Einheit aller Elemente. Sie können in Kern und Hülle unterteilt werden, die ihrerseits aus kleineren Teilchen, den sogenannten *Elementarteilchen* aufgebaut sind. Der Atomkern setzt sich aus positiv geladenen Teilchen, den Protonen, sowie den ungeladenen Neutronen zusammen. Sie bilden die Bausteine aller uns bekannten 118 chemischen Elemente. Die Atomhülle besteht aus den negativ geladenen Elektronen. Während der Atomkern die Hauptmasse des Atoms ausmacht, bestimmt die Atomhülle seine Größe und die chemischen Eigenschaften.

Auf der Erde befinden sich rund 90 natürlich vorkommende Elemente – vom Wasserstoff bis hin zum Uran. Z. B. ist das Wasserstoffatom das am einfachsten aufgebaute aller Atome und bietet daher den Schlüssel zum Verständnis des Aufbaus und der Eigenschaften aller Atome. Es besteht aus einem einfach positiv geladenen Atomkern (mit einem Proton und null bis zwei Neutronen) und einem negativ geladenen Elektron.

Die Wissenschaftler untersuchten die Bauteile der Atome, also den Atomkern und die Elektronen, und fanden dabei heraus, dass der Kern nicht nur aus zwei Teilen besteht, den positiv geladenen Protonen und den neutralen Neutronen, sondern dass diese Bauteile wiederum aus sogenannten *Quarks* bestehen, womit wir beim heutigen Kenntnisstand, bei den elementaren Teilchen, den kleinsten bekannten Bauteilchen angekommen sind.

Nach der klassischen Physik könnte man jetzt theoretisch diese Quarks als *materielle Teilchen* bezeichnen und sie sich gewissermaßen wie kleine Billardkugeln oder ähnlich geformte Objekte vorstellen. Das klassische Atommodell zeigt uns einen Kern, um den die Elektronen in unterschiedlicher Zahl kreisen, wie die Planeten um unsere Sonne. Dementgegen konnte man nachweisen, dass sich sowohl Elementarteilchen wie auch größere Objekte völlig anders verhalten, als wir es von Materie nach traditioneller Lehre erwarten würden. Man fand heraus, dass sich Elementarteilchen manchmal wie Teilchen, aber manchmal eher wie eine Welle verhalten. Quanten (kleine Energieportionen) bewegen sich nicht linear, sondern sind in der Lage, ihren Ort zu wechseln, ohne sich durch den Raum zwischen den Orten bewegen zu müssen. Sie können sich sogar an vielen Orten zugleich aufhalten. Sie bewegen sich *quantisiert*. In der Physik bezeichnet man ein Quark als kleinstes unteilbares Elementarteilchen und Quanten als kleinste Energieeinheiten. Quanten sind also kleinste Portionen der uns umgebenden Wirklichkeit. Die

Erkenntnis, dass jede Materie (Elektronen, Protonen, Atome, Moleküle) nicht nur Teilcheneigenschaft besitzt, sondern auch als Welle beschrieben werden kann, ist eine der wichtigsten Errungenschaften der modernen Physik.

Der Durchbruch in Richtung der heutigen Quantenphysik gelang in den 20er-Jahren des letzten Jahrhunderts maßgeblich den Physikern Werner Heisenberg[2] (Deutschland) und Erwin Schrödinger[3] (Österreich). Beide Wissenschaftler entwickelten im Wesentlichen unabhängig voneinander einen mathematischen Formalismus der Quantenphysik. Beide Zustandsbeschreibungen sind zwar unterschiedlich, führen aber zu den gleichen Ergebnissen. Beide konnten durch ihre Arbeiten die Stabilität der Atome erklären.

Ihre Entdeckungen führten zu einer Wende im Verständnis der Atome, denn die Quantenphysik widerspricht dem, was bis dahin als *gesunder Menschenverstand* angesehen wurde. Beispielhaft betrachten wir dazu wieder das Wasserstoffatom: Es besteht aus einem Proton als Kern und einem sich um das Proton bewegenden Elektron. Entsprechend der klassischen Physik, also der Physik vor der Quantenphysik, kann das Wasserstoffatom nicht stabil sein, weil die einzig denkbare Bewegung des Elektrons eine Kreisbahn ist. Die würde aber dazu führen, dass das Elektron Strahlung abgibt und absehbar in den Protonenkern stürzt. Somit gäbe es keine Atome, also folglich nichts. Bei der Quantenphysik geschieht das deshalb nicht, weil das eine Elektron sich an vielen verschiedenen Orten gleichzeitig befindet. Dabei springt es nicht von Ort zu Ort, sondern es ist tatsächlich an verschiedenen Orten gleichzeitig. Das widerspricht zwar, wie schon erwähnt, unserer Vorstellung, aber es erklärt die Stabilität der Atome. Da das Elektron an verschiedenen Orten gleichzeitig ist, befindet es sich nicht in einer Kreisbahn und gibt deshalb keine Strahlung ab. Das erklärt die Stabilität des Wasserstoffatoms. Das gilt im Prinzip für alle anderen Atome und auch für alle Moleküle. Ihre Elektronen sind also immer an sehr vielen verschiedenen Orten gleichzeitig. Man nennt das *Überlagerungszustände* oder fachlich korrekt *Superpositionszustände*.

Das entscheidende Merkmal der Quantenphysik ist der beschriebene Superpositionszustand der Elektronen, der die Stabilität der Atome begründet. Für diese bahnbrechenden Entdeckungen erhielten Heisenberg 1932 für die Begründung der Quantenmechanik und Schrödinger 1933 für die Entwicklung aller quantenmechanischen Systeme den Nobelpreis für Physik.

Im Folgenden werden die neuesten Forschungen und Erkenntnisse der Quantenphilosophie dargelegt. Die moderne Physik und die spirituellen Weisheitslehren nähern sich immer weiter an. In der sogenannten *Quantenphilosophie*, einem Begriff, den Carl Friedrich von Weizsäcker geprägt hat, zeigen sich immer deutlicher die Verschränkungen von Bewusstsein und Materie.

Bevor wir uns mit den philosophischen Fragen, die sich aus der Quantenwelt ergeben, auseinandersetzen, muss jedoch erst mal der Konflikt zwischen klassischer und moderner Physik erklärt werden. Daraus lässt sich dann das Verständnis der Entstehung der Quantenphilosophie ableiten. Hierbei offenbart sich ein Paradigmenwechsel im Zusammenleben der Menschheit und der gesamten Natur.

10.1.1 Klassische Physik

Isaac Newton, eines der größten wissenschaftlichen Genies aller Zeiten, gilt als Begründer der klassischen theoretischen Physik. Vor Newton waren die physikalischen Grundlagen der Welt kaum bekannt. Nach ihm wusste man, dass sich die Welt mit exakten mathematischen Gesetzen beschreiben ließ.

Newton legte im ausgehenden 17. Jahrhundert den Grundstock eines in sich geschlossenen Systems der Mechanik und formulierte das *Ge-*

setz der Gravitation. Damit ließen sich alle physikalischen Phänomene auf der Erde und im Kosmos ordnen, vorhersagen und technisch umsetzen. Kopernikus, Kepler, Galilei, Leibniz und viele andere Wissenschaftler legten die Grundlagen dafür, dass am Ende des 19. Jahrhunderts, auf dem Höhepunkt der klassischen Physik, Ingenieure erstaunlich präzise Maschinen bauen konnten. Dieses Weltbild vermittelte uns, dass es für scheinbar jedes physikalische Problem Formeln zur Vorausberechnung der weiteren Entwicklung gibt. Folglich müssen bei abweichenden Ergebnissen entweder die Ausgangsdaten falsch gewesen sein oder die gewählte Formel war nicht korrekt. Die klassische Physik beschreibt also Naturphänomene sehr anschaulich und ihre Gesetze folgen einer einfachen Logik. Sie umfasst viele Teilbereiche, z. B. die *Maxwellsche Theorie des Elektromagnetismus*, die *Geometrische Optik*, die *Wellenoptik*, die *Akustik* und Teile der *Thermodynamik*. Diese Teilbereiche sind, durch die historische Entwicklung verständlich, zum Teil unseren Sinneswahrnehmungen angepasst. Alle anderen Naturwissenschaften bauen auf der Physik auf und stehen in enger Beziehung zu ihr.

10.1.2 Moderne Physik

Die moderne Physik ist aus dem Ideenrahmen der klassischen Physik entstanden und hat deren Grenzen bewusst gemacht. In der von Albert Einstein begründeten *Relativitätstheorie* bilden Raum und Zeit nicht mehr den objektiven, vom Beobachter unabhängigen Rahmen, in dem sich die Welt entfaltet. Bereits am Anfang des 20. Jahrhunderts konnten fundamentale Eigenschaften des Lichts erklärt werden. Danach folgten Jahrzehnte mit einer ganzen Reihe von Entdeckungen, die die Physiker zwangen, eine neue Realität anzuerkennen. Die herkömmliche Beschreibung der Natur im Sinne der klassischen Physik war nicht mehr ausreichend. Die moderne Physik ist nicht mehr anschaulich zu beschreiben. Die einfache

Interpretation von Raum und Zeit gilt nicht mehr. Zur modernen Physik gehören u. a. die Quantenmechanik, die Relativitätstheorie, Atom-, Kern-, Elementarteilchen- und Hochenergiephysik sowie die Elektronenoptik.

Als Geburtsjahr der modernen Physik gilt im Allgemeinen 1906, jenes Jahr, in dem Max Planck seine *Quantentheorie* publizierte. Die Quantenphysik ist neben der Relativitätstheorie eine Stütze der modernen Physik – mit Auswirkungen bis in die Biologie. Bislang ging selbst die moderne Wissenschaft davon aus, dass unser Universum nur aus Raum und Zeit bestehe.

Mit der Widerlegung dieser rein materialistischen Ansicht beschäftigen sich seit Jahren namhafte Wissenschaftler. Z. B. meint der Physiker Dieter Schuster, dass es neben unserer wahrnehmbaren äußeren Welt auch noch eine andere, uns verborgene Seite des Universums gebe, die losgelöst vom Räumlich-Materiellen als innere Welt existiert. Schusters Forschungen und wissenschaftlichen Entdeckungen (publiziert in *Das Quantengeheimnis*)[4] markieren nicht nur einen Wendepunkt in der Quantenphysik, sondern liefern auch plausible Antworten auf die wichtigsten Sinnfragen des menschlichen Daseins. Sie geben Aufschluss über die Entstehung unseres individuellen Bewusstseins und liefern stichhaltige Nachweise über eine Existenz des menschlichen Bewusstseins über den Tod hinaus. Ohne in esoterische Spekulation zu verfallen, erklärt Schuster, warum die heutige Naturwissenschaft die Existenz einer göttlichen Schöpfung nicht länger ausblenden kann. Die Quantenphysik zeigt, dass die geistige Welt existiert.

Auf der Suche nach weiteren Antworten wollen wir im nachfolgenden Kapitel den Fragen nachgehen, was das menschliche Bewusstsein mit der Existenz der Materie zu tun hat und was die Wissenschaft über die Bestimmung der Seele im Universum herausfand.

10.2 Quantenphilosophie

Als Physiker, also als ein Mann, der sein ganzes Leben der nüchternsten Wissenschaft, nämlich der Erforschung der Materie diente, bin ich sicher frei davon, für einen Schwarmgeist gehalten zu werden. Und so sage ich Ihnen nach meiner Erforschung des Atoms dieses: Es gibt keine Materie an sich! Alle Materie entsteht und besteht nur durch eine Kraft, welche die Atomteilchen in Schwingungen bringt und sie zum winzigsten Sonnensystem des Atoms zusammenhält. So sehen Sie, meine verehrten Freunde, wie in unseren Tagen, in denen man nicht mehr an den Geist als den Urgrund der Schöpfung glaubt und darum in bitterer Gottesferne steht, gerade das Winzigste und Unsichtbare es ist, das die Wahrheit wieder aus dem Grabe materialistischen Stoffwahns herausführt, und wie das Atom der Menschheit die Türe öffnet in die verlorene und vergessene Welt des Geistes.

Max Planck über das Wesen der Materie

Der Bereich, in dem sich Philosophie und Quantenphysik überschneiden, wird offiziell mit dem Begriff *Quantenphilosophie* umschrieben. Die von der Quantenphysik wiederentdeckte enge Zusammengehörigkeit von Materie und Geist ist an sich nicht neu. Diese Auffassung wurde schon seit Jahrtausenden von den *Wissenden* vertreten – nachweislich belegt seit dem Jungpaläolithikum, über die Hochkulturen der Antike bis zum Beginn der Neuzeit.
Ein kleiner Ausflug in die Vergangenheit wird zum besseren Verständnis der Entwicklung des Wissens über die diesseitige und jenseitige Welt beitragen:
Bekanntermaßen ist der Schamanismus die älteste Methode, mit der Schöpfung in Verbindung zu treten. Die Ursprünge reichen bis in

die Steinzeit (ca. 50.000 Jahre) zurück. Zeugnisse schamanischer Praktiken finden sich weltweit auf alten Höhlenmalereien. Alle eingeborenen Völker hatten ein ähnliches Verständnis der Kosmologie (Lehre vom Ursprung des Universums). Der Schamanismus hat in den weniger entwickelten Gebieten der Erde bis heute überlebt. Das Wort *Shaman* kommt von den Tungusen, Rentierhirten am Baikalsee in Russland. Schamanen sind eingeborene Heiler, Seher, Visionäre und Propheten. Der Begriff *Saman* bedeutet in der tungusischen Sprache: *die, die den Umgang mit Geistern beherrschen, ihnen aus freiem Willen den Eintritt in ihren Körper gewähren und die, die die Macht der Geister für ihre Zwecke anwenden können.* Ein Schamane ist ein Mensch, der seine Fähigkeiten zum Heilen und zum Ganzwerden benutzt. Er ist ein Meister der verschiedenen Bewusstseinszustände, des Reisens in andere Welten, des Vorherwissens sowie des Sehens und Heilens. Der Schamane ist ein Mensch, der sich der wahren Wirklichkeit zuwenden kann, der Wirklichkeit hinter der offensichtlichen Wirklichkeit. Sein Weltverständnis ist dualistisch, denn er unterscheidet zwischen einer profanen, diesseitigen und einer jenseitigen Welt. Die Schamanen sind überwiegend auch Vertreter des Animismus, sie gehen davon aus, dass alle lebenden Dinge eine Seele haben. Ein Weiterleben nach dem Tod in einer anderen Welt ist für den Schamanen eine selbstverständliche Vorstellung. Daraus resultieren die Verehrung der Ahnen und die Vorstellung der Unsterblichkeit der Seelen. Es wird außerdem davon ausgegangen, dass sowohl die sichtbare als auch die unsichtbare Welt eine bestimmte von den höchsten Geistmächten geformte Struktur haben. Schamanen glauben auch an Geister als körperlose Wesenheiten, die alle Ebenen durchdringen und Macht ausüben können. Der Mensch wird als im Spannungsfeld des kosmischen Systems lebend betrachtet und ihm wird eine Verantwortung gegenüber diesem System zugewiesen, die vor allem im

Einhalten der Regeln der Natur und dem Streben nach Harmonie bestehen.

Die heutige Bezeichnung *Schamane* gilt allgemein als Sammelbegriff für ganz unterschiedliche spirituelle, religiöse, heilerische oder rituelle Spezialisten, die bei verschiedensten Ethnien weltweit als Vermittler zur Geisterwelt fungieren und denen entsprechende magische Fähigkeiten zugesprochen werden. In diesem Kontext werden auch die Medizinmänner, die Geisterbeschwörer sowie Priester und Heilkundigen, Zauberer und Wahrsager bisweilen *Schamanen* genannt.

Sie waren und sind vereinzelt bis heute Bestandteil weltweiter ethnischer Religionen. Die sich in der Folgezeit entwickelnde *Vedische Kosmologie* (älteste Religion Indiens, ca. 1500 v. Chr.) der jahrtausendealten indischen Hochkultur besitzt auffällige Ähnlichkeiten mit modernsten naturwissenschaftlichen Ansätzen. *Schwingung* gilt als Ursprung des Raumes und der Materie. Schon die metaphysischen Grundlagen der *Vedischen Kosmologie* stehen modernen naturwissenschaftlichen Erkenntnissen sehr nahe. Die gesamte materielle Schöpfung geht nach vedischem Verständnis aus dem Element *Shabda* hervor, das im deutschen *Klang* oder *Schwingung* bedeutet. *Schwingung* wird daher noch grundlegender als der manifestierte Raum angesehen, der erst aus einer Kondensierung von Schwingungsprozessen hervorgeht.

Das spätere Wissen der hermetischen (verschlossenen) Wissenschaft, der sogenannten *Alchemie*, wurde ursprünglich von uralten Priesterkasten überliefert, das Tausende Jahre vor Christi Geburt von Indien ausging. Dieses Wissen übernahmen unter anderem die Ägypter zur Zeit der ptolemäischen Dynastie (ca. 300 v. Chr.), Syrien, Arabien und schließlich auch Chinas *Taoismus*. Die Weisheiten dieser uralten Kulturen gingen vor allem durch das Dogma der Lehren des Christentums und in der Neuzeit durch die unselige Entwicklung des Kapitalismus weitestgehend verloren. Erst durch die

Informationen aus der Quantenphysik und der Quantenphilosophie ergeben sich durchaus stimmige Paradigmen des geistigen Universums. Die Wissenschaftler sprechen in diesem Zusammenhang auch von der Wiederentdeckung verloren geglaubten Wissens unserer Vorfahren.

Der Naturwissenschaftler Dr. Ulrich Warnke[5] erklärt uns in seinem Buch *Quantenphysik und Spiritualität* die spirituellen Konsequenzen aus der Quantenphysik. Bewusstsein, früher nur ein Inhalt der Philosophie und Psychologie, wird inzwischen auch von der Physik erforscht. Sollten sich in Bezug auf die Quantenphysik die Thesen und Erkenntnisse der Wegbereiter unter den Physikern in laufenden und nachfolgenden Forschungen weiter bewahrheiten, dürfte dies unser Weltbild nicht nur maßgeblich beeinflussen, es käme einer weltweiten Revolution gleich. Die Einsichten und Konsequenzen der modernen Physik werden aus dem materialistisch denkenden einen emphatischen Menschen hervorbringen und ihn zu einer Grundhaltung führen, die eine ganzheitliche Verbundenheit mit allem Lebendigen bewirkt. Naturwissenschaft und Religion würden sich infolge dessen nicht mehr als Gegensätze gegenüberstehen, sondern einander ergänzen.

Dr. Warnke schließt sich der sogenannten – insbesondere von Niels Bohr und Werner Heisenberg entwickelten – Kopenhagener Deutung der Quantenphysik an. Diese besagt, dass Quantensysteme vor der Messung und Beobachtung keine festen Eigenschaften haben und die Wirklichkeit erst dadurch in Erscheinung tritt, dass sie von einem Bewusstsein wahrgenommen wird. Vorher befindet sie sich gleichsam in einem latenten Zustand, sozusagen in einem *Meer aller Möglichkeiten*, wie es Warnke nennt. Daraus folgt, dass Raum und Zeit vom Bewusstsein geschaffene Erscheinungen sind. Das Universum besteht als Bewusstseinserfahrung. Überhaupt existiert nichts auf der Welt ohne Bewusstsein. Das ist die Kernaussage seines Buches. Dass unser Körper nur zu einem Milliardstel aus Masse, alles Übrige nur aus leerem Raum besteht, ist Stand der wissenschaftlichen Forschung. Dr. Warnke schreibt, dass dieser masseleere Raum unseres Körpers fließend in den identischen Raum der umgebenden Luft, weiter in die Atmosphäre der Erde und schließlich in den Kosmos bis in die Unendlichkeit des Universums übergeht. Dieser sich von einem selbst bis in die Unendlichkeit des Universums erstreckende masselose Raum bildet das sogenannte *Hintergrundfeld*, das mathematisch durch sich überlagernde Wellenfunktionen beschrieben wird. Dass dieses Feld quasi lebendig ist, voller Schwankungen der darin enthaltenen Energie, konnte experimentell nachgewiesen werden (*Casimir-Effekt*, Quantenfeldtheorie nach Hendrik Casimir[6]). Die Wellenfunktion kann auch als *Wissen* und das gesamte Feld als *Wissensfeld* beschrieben werden.

Die Quantentheorie beweist die Existenz eines universellen Bewusstseins im Universum, so der Nobelpreisträger Eugene Paul Wigner[7].

Warnke schreibt: *Alle unsere Erinnerungen kommen dann nicht aus den Gehirnstrukturen, sondern aus einem ungeheuer großen, wahrlich universellen Informationsspeicher*, dem vorher beschriebenen *universellen massenlosen Vakuum*.

Auch der britische Kernphysiker und Molekularbiologe Jeremy Hayward[8] von der *Universität Cambridge* macht aus seiner Überzeugung keinen Hehl und meint: *Manche durchaus noch der wissenschaftlichen Hauptströmung angehörende Wissenschaftler scheuen sich nicht mehr, offen zu sagen, dass das Bewusstsein neben Raum, Zeit, Materie und Energie eines der Grundelemente der Welt sein könnte.* Zusammenfassend kommt er zu dem Schluss, dass das menschliche Bewusstsein möglicherweise sogar grundlegender sei als Raum und Zeit.

Inzwischen sind auch zahlreiche Wissenschaftler, vor allem Physiker, von der Existenz einer unsterblichen Seele, eines unsterblichen Bewusstseins als Grundelement der Welt überzeugt. Die Quantenphysik hat uns über die Quantenphilosophie die Wahrheit und Offenbarung des menschlichen Geistes ermöglicht. Die sich in jüngerer Vergangenheit mehrenden zahlreichen Hinweise und Berichte über Nahtoderfahrungen, Reinkarnation oder spukhafte Geistererscheinungen werden wohl zukünftig von der Wissenschaft nicht mehr als *paranormale Phänomene* bezeichnet werden. Ausgelöst durch persönliche Grenzsituationen berichten einzelne Menschen über ihre Erlebnisse an der Scheidelinie zwischen unserer wahrnehmbaren diesseitigen Welt und der uns umgebenden Wirklichkeit, die uns erst nach unserem physischen Tod zugänglich wird.

Das uns seit Jahrtausenden übermittelte Weltverständnis, das sich in den bekannten Religionen und deren Ansichten über die Stellung unseres Seins im Universum manifestierte, erfährt nun bei der Suche nach Wahrheit und Wirklichkeit die für die Menschheit befreiende Gewissheit: *Unser wahres Selbst, unsere Seele, ist unsterblich und jedes Individuum ein wichtiger und unverzichtbarer Teil des untereinander verbundenen universellen Bewusstseins, das unabhängig von Raum und Zeit existiert. Die Erfahrungen unserer materiellen, irdischen Existenzen sind unverzichtbarer Teil des sich fortentwickelnden kosmischen Geistes.* Einen bedeutungsvollen Beitrag zur Entwicklung unseres Selbst, eines Teils des universellen Bewusstseins, können wir durch unser Wirken im irdischen Leben maßgeblich beeinflussen. Vor allem kommen wir dem Ziel, uns mit der kosmischen Schöpfung zu vereinen, ein gutes Stück näher, indem wir uns in unserem irdischen Dasein der Wahrheit verpflichtet fühlen, Demut und Achtsamkeit gegenüber der Schöpfung beherzigen sowie Nächstenliebe und Empathie verwirklichen.

Abgesehen von den vielen Menschen, die sich bemühen, ihr Leben nach diesen Vorsätzen auszurichten, vor allem im Familienumfeld und im Freundeskreis, ist die Menschheit doch insgesamt davon extrem weit entfernt. Zunehmend sind kriegerische Auseinandersetzungen, Tod durch Gewalt, Hunger und Vertreibung sowie die verheerenden Schäden unserer Umwelt bestürzende Zeichen des egoistischen und unbarmherzigen Verhaltens einer uns beherrschenden elitären Klasse. Für den fehlenden Widerstand dagegen gibt es einen einleuchtenden Grund: Unwissenheit. Unwissenheit über unser wahres Ich und Unwissenheit über die unheilvollen Zusammenhänge des weltweiten neoliberalen Politik- und Wirtschaftssystems.

Die von der herrschenden Klasse methodisch verweigerte Wissensvermittlung über das *Wesen* des Menschen, seine Bestimmung und Möglichkeiten, beraubt ihn seiner körperlichen und geistigen Freiheit. Die programmgemäße Konditionierung beginnt im Kindesalter und endet mit dem Tod. Im Ergebnis erhält man einen versklavten, weitgehend unwissenden, relativ leicht zu lenkenden Menschen. Nicht ohne Grund wird das Wissen bezüglich der revolutionären Forschungen über die Quantenphysik bis heute der allgemeinen Öffentlichkeit kaum zugänglich gemacht.

Im Vorwort dieses Buches äußerten wir die Absicht, mit dieser Schrift die Ursachen der weltweiten Tragödien darzulegen und die Verantwortlichen zu benennen. Außerdem wollten wir Wege aufzeigen, die es der Menschheit ermöglichen, ein selbstbestimmtes Leben ohne Hunger und Leid zu führen.

Im folgenden Kapitel werden wir nicht nur Antworten liefern, sondern auch die Zusammenhänge der menschenfeindlichen Geschehnisse aufdecken. Sie bewirken insgesamt die globale systematische Ausbeutung der Menschheit. Außerdem werden wir einen realistischen Weg aufzeigen, den Teufelskreis aus Hunger, Leid und gewaltsamem Tod zu durchbrechen. Die Zielsetzung ist, diesen Kreislauf endgültig zu zerschlagen.

Unwissenheit ist die Nacht des Geistes, eine Nacht ohne Mond und Sterne.

Konfuzius (551–479 v. Chr.) chinesischer Philosoph

11 Korrelation und Lösungswege

11.1 Beachtung und Anwendung der Menschenrechte

Die schlimmste Art der Ungerechtigkeit ist die vorgespielte Gerechtigkeit.

Platon (427-348 v. Chr.), griechischer Philosoph,
Begründer der abendländischen Philosophie

Die Menschenrechte basieren auf drei Säulen: Freiheit – Gleichheit – Solidarität. Im Kontext der Zusammenfassung der beschriebenen Vorgänge ist es unerlässlich, auf die *UN-Menschenrechtscharta*, die *Allgemeine Erklärung der Menschenrechte* hinzuweisen. Die *Vereinten Nationen* haben sich darin zu den allgemeinen Grundsätzen der Menschenrechte bekannt.

Auf der Generalversammlung am 10. Dezember 1948 ist die Charta verkündet worden. Es ist kein Zufall, dass diese Erklärung so kurz nach Ende des 2. Weltkrieges zustandegekommen ist. Gerade dieser verheerende und zutiefst menschenverachtende Krieg hat gezeigt, was für furchtbare Auswirkungen die strikte Missachtung der Menschenrechte zur Folge hat.

Die Gründungsurkunde nennt als Hauptziel, *künftige Geschlechter vor der Geißel des Krieges zu bewahren.* Am Beginn der Vorrede (Präambel) zu den 30 Artikeln der Erklärung der *Allgemeinen Menschenrechte* heißt es sinngemäß, dass die Anerkennung der angeborenen Würde und der gleichen und unveräußerlichen Rechte aller Mitglieder der Gemeinschaft der Menschen die Grundlage von Freiheit, Gerechtigkeit und Frieden in der Welt bildet. Es wird angeführt, dass die Völker der *Vereinten Nationen* in der Charta ihren Glauben an die grundlegenden Menschenrechte, an die Würde und den Wert der menschlichen Person und an die Gleichberechtigung von Mann und Frau erneut bekräftigt und beschlossen haben, den sozialen Fortschritt und bessere Lebensbedingungen in größerer Freiheit zu fördern. Außerdem wird erklärt, dass die Mitgliedstaaten sich verpflichtet haben, in Zusammenarbeit mit den *Vereinten Nationen* auf die allgemeine Achtung und Einhaltung der Menschenrechte und Grundfreiheiten hinzuwirken.

Die Generalversammlung verkündete die *Allgemeine Erklärung der Menschenrechte* als das von allen Völkern und Nationen zu erreichende gemeinsame Ideal, damit jeder Einzelne und alle Organe der Gesellschaft sich diese Erklärung stets gegenwärtig halten und sich bemühen, durch Unterricht und Erziehung die Achtung vor diesen Rechten und Freiheiten zu fördern und durch fortschreitende nationale und internationale Maßnahmen ihre allgemeine und tatsächliche Anerkennung und Einhaltung durch die Bevölkerung der Mitgliedstaaten selbst wie auch durch die Bevölkerung, der ihrer Hoheitsgewalt unterstehenden Gebiete, zu gewährleisten.

Eine der Voraussetzungen für die Aufnahme eines Staates in die Gemeinschaft der *Vereinten Nationen* war und ist die Anerkennung der Menschenrechte. Um den Kontrast zwischen der Erklärung der Menschenrechte durch die *Vereinten Nationen* – 2011 gehörten ihnen mit 193 Mitgliedern fast alle Staaten der Welt an (Nichtmitglieder: Taiwan, Vatikanstadt, Palästina, Nordzypern, West-Sahara, Kosovo und einige Pazifikinseln) – und der gegenwärtigen menschenverachtenden Wirklichkeit in seiner ganzen Dramatik zu verdeutlichen, geben wir zunächst nachfolgend die 30 Artikel der *Allgemeinen Erklärung der Menschenrechte* in gekürzter Fassung wieder:

Artikel 1 Alle Menschen sind frei und gleich an Würde und Rechten geboren.

Artikel 2 Jeder hat Anspruch auf Rechte und Freiheiten ohne irgendeinen Unterschied.

Artikel 3 Jeder hat das Recht auf Leben, Freiheit und Sicherheit der Person.

Artikel 4 Niemand darf in Sklaverei gehalten werden.

Artikel 5 Niemand darf der Folter unterworfen werden.

Artikel 6 Jeder hat das Recht, überall als rechtsfähig anerkannt zu werden.

Artikel 7 Alle Menschen sind vor dem Gesetz gleich.

Artikel 8 Jeder hat Anspruch auf einen wirksamen Rechtsbehelf.

Artikel 9 Niemand darf willkürlich festgenommen oder des Landes verwiesen werden.

Artikel 10 Jeder hat das Recht auf ein gerechtes Verfahren vor einem unparteiischen Gericht.

Artikel 11 Jeder hat das Recht, als unschuldig zu gelten, solange seine Schuld gemäß dem Gesetz nicht nachgewiesen ist.

Artikel 12 Niemand darf willkürlichen Eingriffen in sein Privatleben ausgesetzt werden.

Artikel 13 Jeder hat das Recht, sich innerhalb eines Staates frei zu bewegen.

Artikel 14 Jeder hat das Recht auf Asyl.

Artikel 15 Jeder hat das Recht auf eine Staatsangehörigkeit.

Artikel 16 Frauen und Männer haben bei der Eheschließung, während der Ehe und bei deren Auflösung gleiche Rechte.

Artikel 17 Niemand darf willkürlich seines Eigentums beraubt werden.

Artikel 18 Jeder hat das Recht auf Gedanken-, Gewissens- und Religionsfreiheit.

Artikel 19 Jeder hat das Recht auf Meinungsfreiheit.

Artikel 20 Alle Menschen haben das Recht, sich friedlich zu versammeln.

Artikel 21 Der Wille des Volkes bildet die Grundlage für die Autorität der öffentlichen Gewalt.

Artikel 22 Jeder hat als Mitglied der Gesellschaft das Recht auf soziale Sicherheit.

Artikel 23 Jeder hat das Recht auf Arbeit.

Artikel 24 Jeder hat das Recht auf vernünftige Begrenzung der Arbeitszeit.

Artikel 25 Jeder hat das Recht auf einen Lebensstandard, der Gesundheit und Wohl gewährleistet.

Artikel 26 Jeder hat das Recht auf Bildung.

Artikel 27 Jeder hat das Recht, am kulturellen Leben der Gemeinschaft frei teilzunehmen.

Artikel 28 Jeder hat Anspruch auf eine soziale und internationale Ordnung.

Artikel 29 Jeder hat Pflichten gegenüber der Gemeinschaft.

Artikel 30 Keine Bestimmung der Grundrechte darf dahingehend ausgelegt werden, dass sie begründet, eine Tätigkeit auszuüben, welche die Beseitigung dieser Grundrechte zum Ziel hat.

Am 28. Juli 2010 hat die Generalversammlung der *Vereinten Nationen* auch das Recht auf Trinkwasser als Menschenrecht anerkannt. Die Resolution wurde mit 122 Mitgliederstimmen angenommen. 41 Staaten haben sich ihrer Stimme enthalten. In der Begründung des Beschlusses heißt es, dass das Recht auf Leben ohne Wasser nicht möglich sei und dass das Recht auf Nahrung und der Schutz vor Hunger Wasser natürlicherweise mit einschließt.
Artikel 23, 28 und das vorgenannte Recht auf Wasser spiegeln die grundlegenden Ernährungs- und Sozialbedürfnisse der Menschen

wieder. So heißt es im Artikel 23, dass jeder das Recht auf Arbeit hat, auf freie Berufswahl, auf gerechte und befriedigende Arbeitsbedingungen sowie auf Schutz vor Arbeitslosigkeit, dass jeder, ohne Unterschied, das Recht auf gleichen Lohn für gleiche Arbeit hat, dass jeder, der arbeitet, das Recht auf gerechte und befriedigende Entlohnung, die ihm und seiner Familie eine der menschlichen Würde entsprechende Existenz sichert, gegebenenfalls ergänzt durch andere soziale Schutzmaßnahmen hat, und das jeder das Recht hat, zum Schutze seiner Interessen Gewerkschaften zu bilden und solchen beizutreten. Der Artikel 28 konstatiert den Anspruch jedes Menschen auf eine soziale und internationale Ordnung, in der die gesamten, in dieser Erklärung verkündeten Rechte und Freiheiten voll verwirklicht werden können.

Artikel 30 beendet die Erklärung der *Allgemeinen Menschenrechte*. Die Aussage fordert quasi, sicher in der damaligen Zeit unbeabsichtigt, zum weltweiten Widerstand gegen fast sämtliche Staatsformen auf. Ausführlicher heißt es dort: *Keine Bestimmung dieser Erklärung darf dahin ausgelegt werden, dass sie für einen Staat, eine Gruppe oder eine Person irgendein Recht begründet, eine Tätigkeit auszuüben oder eine Handlung zu begehen, welche die Beseitigung der in dieser Erklärung verkündeten Rechte und Freiheiten zum Ziel hat.*

Kein Staat, keine Gesellschaftsform der Erde kann für sich beanspruchen, die erklärten und verkündeten Menschenrechte, die von allen *UN*-Mitgliedern anerkannt wurden, in seinem Land, in seiner Region vollständig verwirklicht zu haben. Im Gegenteil: Die Menschenrechte werden durch das Zulassen von weltweitem Elend, von Not, von Kriegen, von millionenfachem Tod durch Hunger und Vertreibung, aber vor allem auch durch die bittere Ungerechtigkeit der Lohnsklaverei mit Füßen getreten. Diese folgenschweren Vorgänge prägen das Gesamtbild der heutigen Gesellschaften. – Die Vereinten

Nationen sind weiter als je zuvor davon entfernt, die Menschenrechte zu verwirklichen, geschweige denn sie durchzusetzen.

Die *Vereinten Nationen* sind ein zahnloser Tiger, dominiert von den Vetomächten, die mit Kapitaleinsatz ihre Wirtschafts- und geopolitischen Interessen durchsetzen. Trotzdem wird durch das jüngste Versagen des Sicherheitsrates im Syrienkonflikt überdeutlich, dass eine die Krisen dieser Welt lösende Nationengemeinschaft immer wichtiger wird, ja unerlässlich ist. Ohne eine tief greifende Reform der *UN* mit dem Ergebnis einer wahren demokratischen Struktur, kann dieses Ziel nicht verwirklicht werden.

11.2 Zusammenhänge und Tragweite durch Herrschaft des *Tiefen Staates*

Da Boden, Wasser und Atmosphäre die Grundlagen menschlichen Daseins darstellen, gefährdet die weltweit fortschreitende Zerstörung des ökologischen Gleichgewichts durch den globalen Wirtschaftskapitalismus nicht nur die Menschheit, sondern auch die Existenz jeglichen irdischen Lebens. Im Kontext dazu ist die Erklärung des Weltagrarberichtes[1] über den aktuellen Zustand der Welternährung der Menschheit erwähnenswert.

In der kritischen Zusammenfassung des Berichtes heißt es, dass die industriellen Ernährungssysteme der Gesundheit und Umwelt schaden. Beispielhaft seien hier der Antibiotikaeinsatz, die Bodendegradation durch Überbewirtschaftung, die Verseuchung des Grundwassers und das Insektensterben genannt. Die Großbetriebe würden hauptsächlich marktwirtschaftlichen Regeln folgen und die *Qualität* ihrer Lebensmittelerzeugnisse zeigten sich durch die zunehmende Verfettung der Menschen und der dadurch bedingten gesundheitlichen Folgen. Die *OECD*[2] spricht von einer *globalen Epidemie der Fettleibigkeit.*

Übermächtige Konzerne können ihr menschenverachtendes Handeln straffrei ausüben. Deren empörende Geschäfte reichen von der Saatgutkontrolle über die chemische Unkrautvernichtung bis zur Herstellung der Nahrungsmittel sowie der Kontrolle des gesamten Welthandels. Kleinbauern werden mit perfiden Mitteln von ihrem Land entfernt oder gezwungen, bei den neuen Besitzern des Landes für einen Hungerlohn zu arbeiten. Die Menschen, die weder Saatgut noch die Lebensmittelerzeugnisse kaufen können, sind ohne Nahrung und Lebensperspektive. Weltweit sind das Hunderte Millionen, von denen unzählige Jahr für Jahr sterben. Das ist im Grunde Massenmord.

Das Entstehen dieser gigantischen multinationalen Agrarkonzerne ist eng verbunden mit der Entwicklung der Weltbevölkerung. Innerhalb der letzten neun Generationen hat sich die Menschheit fast verzehnfacht. Nicht zufällig ist der Zeitraum identisch mit der vor rund 250 Jahren begonnenen *Industriellen Revolution*. Das Aufkommen des Kapitalismus, verstärkt durch den heutigen Neoliberalismus, hat das Wachstum der Menschheit derart beschleunigt, dass dadurch die Zerstörung der Lebensgrundlagen unbeherrschbare Dimensionen erreicht hat. Die Prognosen der Zukunft sind explosiv. Im Angesicht der Apokalypse der Überbevölkerung sind die Passivität der *Vereinten Nationen* und der Regierungen jedes einzelnen Landes ein Verbrechen gegen das Leben auf unserem Planeten. Die Beschaffung von Nahrung wird für Hunderte Millionen Menschen durch das globale Wirtschaftssystem, das den Konkurrenzkampf fördert, zu einem Kampf um das tägliche Überleben. Die unbarmherzige Vorgehensweise hält die Menschheit in scheinbar aussichtsloser Sklaverei.

Überdeutlich wird das Ringen um Arbeit als Notwendigkeit der Nahrungsbeschaffung bei der Betrachtung der weltweiten Arbeitsverhältnisse: Von den aktuell ca. 7,7 Milliarden Menschen haben

1,2 Milliarden einen formalen Arbeitsvertrag und davon lediglich ca. 320 Millionen eine unbefristete Stellung. Das sind nur 4,3 Prozent der Weltbevölkerung. Deutlicher kann man die Verfehlungen des Weltwirtschaftssystems, das Wohlstand für alle versprach, nicht darstellen.

Machen wir uns klar, dass das heutige wie auch die vergangenen Gesellschafts- und Wirtschaftssysteme sich deshalb durchgesetzt haben, weil sie von einer dominierenden Herrschaftsklasse erschaffen wurden. Vor allem mit den von ihnen erzeugten Gesetzen, insbesondere dem Eigentums- und Kriegsvölkerrecht, haben sie sich die notwendige Handhabe verschafft, Raub, Mord und Versklavung zu legalisieren. Die Mächtigen gaben und geben sich das Recht, Kriege zu führen. Bewaffnete Konflikte lassen vielfache Formen der Gewaltausübung zu und werden seit Jahrtausenden von den Eliten benutzt, um Macht durch Ressourcenbesitz zu sichern und zu vergrößern.

Die folgenschweren Wechselbeziehungen der geschilderten Ereignisse sind unverkennbar, ausgelöst von den skrupellosen Taten der *Weltbeherrscher*. Mit der Erfindung der Banken und der Geldwirtschaft haben sie sich effektive Instrumente geschaffen, die Menschheit in ihrem Sinne zu kontrollieren und zu beherrschen.

Ein Geldsystem, das einer Minderheit dient und Gesellschaften zerstört, eine Wirtschaft, die Mensch und Umwelt ausbeutet und dadurch größte Gewinne erwirtschaftet, Demokratien und Politiker, die ihren Bürgern Halbwahrheiten und Manipulation als Politik verkaufen wollen sind Bestandteile der sichtbaren Auswirkungen des globalen Beherrschungsapparates und müssen durch eine menschenwürdige, die Natur achtende Ordnung ersetzt werden.

Wer sind denn die wahren Herrscher, und wie sind sie organisiert? Antworten darauf präsentieren der Soziologe Ulrich Mies und der

Kulturwissenschaftler Jens Wernicke in ihrem Buch *Fassadendemokratie und tiefer Staat.*[3]

Insgesamt 16 Wissenschaftler, Juristen, Journalisten und Publizisten analysierten die Kernaussage des Buches *Das Ende der Demokratie.* Zusammenfassend kommen die Autoren zu dem Ergebnis, dass die Regierungen der westlichen Wertegemeinschaft sich zunehmend Kapitalinteressen unterworfen haben: (...) *Gemeinsam mit den ökonomisch Mächtigen dieser Welt haben sie inner- und suprastaatliche Strukturen geschaffen, die sich der demokratischen Kontrolle entziehen. Vom Volk gewählte politische Repräsentanten degradieren sich zu Handlangern der Akteure hinter den Kulissen. Wir erleben die schleichende Transformation parlamentarischer Demokratien in Richtung autoritärer Systeme. Grund- und Menschenrechte bleiben ebenso auf der Strecke wie das Völkerrecht.* (...)

Der Soziologe Prof. Bernd Hamm[4] untersuchte in seinem Buchbeitrag die bestehenden Machtbeziehungen unter anderem durch die Frage, wie die global herrschende Klasse im Inneren strukturiert ist. Die neue Machtstrukturforschung hat dafür ein Modell mit vier konzentrischen Kreisen entwickelt. Prof. Hamm meint, dass sich im innersten Kreis die globale Geldelite, Individuen, Familien und Clans mit einem Vermögen deutlich über einer Milliarde Euro befinden. Den zweiten Kreis würden die CEOs[5] großer transnationaler Konzerne und die größten internationalen Finanz-Magnaten bilden. Ihre Aufgabe sehen sie vor allem darin, den Reichtum des innersten Kreises und somit auch ihren eigenen zu vergrößern. Im dritten Kreis befinden sich die führenden internationalen Politiker, in Regierungsfunktion oder als Berater im Hintergrund in internationalen Institutionen, sowie die Führungskräfte des Militärs. Prof. Hamm konstatiert: *Diese im engeren Sinn politische Klasse hat zwei Aufgaben: Sie muss die Verteilung des gesellschaftlichen Produkts so organisieren, dass so viel wie möglich hin zu den beiden inneren Kreisen transferiert wird; und sie muss den politischen Zirkus einer vermeintlich pluralistischen Demokratie mit der erforderlichen Legitimität absichern. Im vierten Kreis befinden sich die Spitzen der Wissenschaft, die Medienmogule, Rechtsanwälte, zuweilen auch prominente Schriftsteller, Stars aus Film und Musik, Künstler, einige Vertreter von NGOs und der Kirchen sowie ein paar Spitzenkriminelle.* (…) Die Profiteure der inneren Kreise haben damit alles, was sie für ihre Dekoration schätzen. Sie genießen den Zugang zu den Mächtigsten, werden gut bezahlt und würden alles dafür tun, diese Privilegien nicht zu verlieren

Die beiden innersten Kreise sind und waren immer international orientiert. Jedoch sind der dritte und vierte Kreis durch Eigentum, Wahl und Amtseinsetzung wesentlich stärker national gebunden.

Die strategische Vorgehensweise, mit deren Hilfe man die Oligarchien des inneren Kreises erschafft, ist leicht verständlich. Laut Prof. Hamm wird sie bis heute vom *IWF* als *Strukturanpassungspolitik* praktiziert, bestehend aus Abschaffung aller Preiskontrollen und Subventionen, Kürzungen der öffentlichen Haushalte durch Personalabbau, Verminderung der öffentlichen Investitionen und sozialer Infrastrukturen (ausgenommen für Militärausgaben), Begrenzung der Löhne (nicht jedoch der Kapitaleinkünfte), Abwertung der Währung, Privatisierung öffentlichen Eigentums (Unternehmen und Infrastruktur), Privilegien für ausländische Investoren gemäß dem bekannten *Washington Consensus*.[6] Hamm konstatiert: *Weit verbreitete Armut ist die unmittelbare Folge, begleitet von in wenigen Händen konzentriertem extremem Reichtum.*

Es ist unumstritten, in welchem Ausmaß der Finanzsektor die Kontrolle über Produktion, Dienstleistungen und Finanzierung der Staatshaushalte gewonnen hat. Die enorme Menge an gedruckten

US-Dollar seit der Aufkündigung des Goldstandards 1971 durch Richard Nixon ist dafür ausschlaggebend. Die amerikanische Zentralbank *Fed*, dieses privatwirtschaftlich geführte Unternehmen, kann seitdem nach eigenem Ermessen quasi unbegrenzt Dollar in Umlauf bringen. Dieses Geld hat den Wert von bedrucktem Papier und nichts mit den realen Werten in Form von Gütern und Dienstleistungen zu tun. In unserer pathologischen Wirtschaftsform kann man dafür aber weltweit Produktionsstätten und Dienstleistungen kaufen, sich das Eigentum der Bevölkerungen aneignen und sogar Staaten finanzieren und erpressen. Im Übrigen gehört heute die *Fed* den Zentralbanken verschiedener amerikanischer Bundesstaaten. Diese Zentralbanken gehören allerdings wiederum den größten privaten Geschäftsbanken der USA wie *Rothschild, Warburg, Goldman Sachs, Morgan, Lehman Brothers* und weiteren.

Die globale Kontrolle über diesen *Familienbesitz*, und damit über das finanzielle Weltgeschehen, geht vor allem von den Dynastien der Rothschilds, Rockefellers und Morgans aus. Damit und mit weiteren Möglichkeiten (z. B. Kauf von Aktien, Anleihen, Derivate) hat die Finanzindustrie faktisch mehrheitlich die Kontrolle über die Volkswirtschaften übernommen, auch deshalb, weil die strukturellen Abhängigkeiten selbst bis in kleine und mittlere Unternehmen hinein wirken. Dass auch fruchtbare Böden und sämtliche relevanten Rohstoffe auf der *Einkaufsliste* stehen, bezeugt ihr skrupelloses Handeln. Die permanente Beeinflussung der Wissenschaft, Forschung und Technologie sowie der politischen Entscheidungsfindung durch die Akteure der Finanzindustrie spiegelt das Bild der selbst ernannten *Herrscher der Welt*, die sich obendrein selbst – gemäß ihres Klassenbewusstseins, vergleichbar mit feudalen Königen *von Gottes Gnaden* – hoch über allen Menschen sehen.

Es ist eine Tatsache, dass diese Oligarchen, Herrschaftsclans und ihre organisatorischen Weltherrschaftsstrukturen für die beschriebenen katastrophalen Zustände der Welt hauptverantwortlich sind. Ohne die Abschaffung der kriminellen Machtkonzentration der Eliten wird es nicht möglich sein, künftigen Generationen ein Leben in Frieden und Freiheit zu ermöglichen, denn die weltweit agierenden Protagonisten der Macht werden keine Alternativen der bestehenden Strukturen aufzeigen. Die Beseitigung ihrer Instrumente wie das Kriegsvölkerrecht, ein Verbot der Kriegswaffenproduktion und die Ächtung von Kriegen sowie die Begrenzung des persönlichen Eigentums würde ihre Machtstrukturen zerstören.

Im Folgenden werden Wege beschrieben, wie es der Menschheit ermöglicht werden kann, sich der Sinnhaftigkeit der individuellen Existenz und des gesamten Lebens bewusst zu werden und eine realistische, zukunftsweisende Gesellschaftsstruktur zu etablieren, die wissenschaftliche und wirtschaftliche Entwicklung nicht ausschließt und dabei dem Menschen und der gesamten Natur eine würdige Zukunft bietet.

Das ist eng verbunden mit den Fragestellungen: *Woher kommen wir? Wohin gehen wir? Warum sind wir hier auf Erden und wie können und sollen wir leben, um unseren Daseinszweck zu erfüllen?*

11.3 Aussichten und Lebenssinn durch Spiritualität und Gemeinwohlverhalten

Wenn man wirklich Neuland betreten will, kann es vorkommen, dass nicht nur neue Inhalte aufzustellen sind, sondern dass auch die Struktur des Denkens sich ändern muss, wenn man das Neue verstehen will.

Werner Heisenberg

Gemeinwohlökonomie und Bedingungsloses Grundeinkommen
Die mächtigen Weltbeherrschungsstrukturen lassen jeglichen Gedanken an eine machbare Veränderung des Wirtschaftssystems unmöglich erscheinen. Die Ausführungen der vorangegangenen Kapitel werden die gefühlte Ohnmacht vermutlich noch verstärken.
Wohl wissend, dass die gegenwärtige Wirtschaftsordnung die größte Gefahr für die Demokratie, für den sozialen Frieden und die Menschenrechte ist, gibt es keinen spürbaren Widerstand. Im Gegenteil, die permanente Konditionierung der Menschen bewirkt das beabsichtigte Ergebnis: ein willfähriges, sich ausgeliefert fühlendes vereinzeltes Individuum. Das dichte Netz der politischen und wirtschaftlichen Repressionen erstickt jeden relevanten Aufstand. Wenn selbst unsere Politiker und die Wirtschaftsweisen das bestehende System als alternativlos bezeichnen, bleibt dem Bürger nur ohnmächtige Wut und Resignation.
Die gegenwärtige Marktwirtschaft hat eine katastrophale Krisenlandschaft geschaffen, aus der es vermeintlich kein Entrinnen gibt: Arbeitslosigkeit, Klimakrise, Energiekrise, Verteilungskrise, Hungerkrise, Konsumkrise, Demokratiekrise . Der Zusammenhang dieser Krisen ist unverkennbar und weist auf eine gemeinsame Wurzel. Diese besteht aus der zentralen Anreizstruktur des Kapitalismus, der

Gewinnstreben und Konkurrenz belohnt. Dieser bösartige Keim motiviert und fördert egoistisches und rücksichtsloses Verhalten, lässt zwischenmenschliche Beziehungen scheitern und bedroht den seelischen, sozialen und ökologischen Frieden. Weltweit werden vor allem den jungen Menschen von Politik und Wirtschaft keine positiven Lebensperspektiven vermittelt. Durch die geschilderten Krisenszenarien breiten sich Angst, Unsicherheit und Hoffnungslosigkeit ungehindert aus.

Dabei gibt es einen revolutionären, schon praktizierten Gegenentwurf zur *Marktwirtschaft*, der den Kapitalismus zügig aber gewaltlos zersetzen und damit ersetzen kann und die Sinnlosigkeit des herrschenden Systems offenbart. Es handelt sich dabei um ein Wirtschaftssystem, dass die Gemeinnützigkeit in den Vordergrund stellt. Christian Felber, ein österreichischer politischer Aktivist und Autor, Lektor an der *Wirtschaftsuniversität Wien*, Gründungsmitglied von *Attac Österreich*, initiierte 2010 in Wien das Projekt *Gemeinwohl-Ökonomie*[7], das er gemeinsam mit mehreren Unternehmern entwickelte. Nach Felber fördert und belohnt die *Gemeinwohl-Ökonomie* (GWÖ) dieselben Verhaltensqualitäten und Werte, die unsere menschlichen und ökologischen Beziehungen gelingen lassen: Vertrauensbildung, Wertschätzung, Kooperation, Solidarität und Teilen. Laut wissenschaftlicher Forschung werden Menschen in einem solchen Anreizrahmen stärker motiviert als durch Konkurrenz und Egoismus. Nun wäre es naiv zu glauben, dieser neue Ordnungsrahmen könne ohne Änderung der gegenwärtigen Machtverhältnisse möglich werden. Deshalb müssen wir, wie vorher schon erklärt, unseren Fokus auf die grundlegenden Änderungen des Eigentumsrechts und der Demokratiefragen richten.

Da das Modell der GWÖ in seiner Gliederung der geltenden Marktwirtschaft entspricht, lässt es sich problemlos mit der heutigen Wirtschaftsform verzahnen und ersetzt sie dann sukzessiv. Allerdings wird die wirtschaftliche Erfolgsmessung von den Mitteln auf die Ziele des Wirtschaftens umgestellt. Der Zweck allen Wirtschaftens ist dann nicht mehr die Mehrung des Kapitals, sondern die des Gemeinwohls. Wissenschaftliche Forschung, Innovationen und technische Entwicklung sind selbstverständlich nicht ausgeschlossen. Sie sollen, bei Achtsamkeit gegenüber der Natur, der Gemeinschaft dienen. Die *Gemeinwohl-Ökonomie* etabliert ein ethisches Wirtschaftsmodell, dabei wird das Wohl von Mensch und Umwelt zum obersten Ziel des Wirtschaftens.

Von Österreich aus breitete sich die *GWÖ*-Idee über Deutschland, die Schweiz, Italien und Spanien bis in die Benelux-Staaten, nach Großbritannien, Skandinavien und in osteuropäische Länder aus. Mittlerweile ist sie bereits in Lateinamerika, den USA und Afrika angekommen.

Die *Zwanzig-Punkte-Zusammenfassung* der Gemeinwohl-Ökonomie, die schon von Tausenden Firmen, Politikern und Privatpersonen praktiziert und unterstützt wird, ist im Anhang hinterlegt.

Die *Gemeinwohl-Ökonomie* ist keine Utopie. Weltweit gibt es seit Jahrhunderten zahlreiche Unternehmen und Kooperativen, die andere Ziele als Finanzgewinne verfolgen. Laut *genossenschaften.de* gibt es weltweit ca. 800 Millionen Genossenschaftsmitglieder in über 100 Ländern. Mehr als 100 Millionen Arbeitsplätze werden von Genossenschaften bereitgestellt. Kreditgenossenschaften sowie ländliche und gewerbliche Genossenschaften fördern in allen Regionen der Welt die gemeinsamen Interessen ihrer Mitglieder und leisten damit einen wertvollen Beitrag für die Regionen. Sie unterstützen die Wirtschaftskreisläufe vor Ort und sorgen für lokale Beschäftigung. *Fair Trade*, eine Initiative für mehr Gerechtigkeit und Humanität im weltweiten Handel, hat 2015 (laut *statista.com* 2018) einen weltweiten Umsatz von 7,3 Milliarden Euro mit *Fair-Trade*-Produkten erzielt, mit stark steigender Tendenz, 2005 waren es lediglich 1,1 Milliarden Euro. Die weltweit größte Genossenschaft ist die baskische *Mondragon Corporacion Cooperativa* (MCC).

Nach dem spanischen Bürgerkrieg 1943 errichtete der junge Priester Jose Maria Arizmendiarrieta eine Polytechnische Berufsschule. 1956 gründeten fünf Absolventen die erste Genossenschaft. Heute ist die Gruppe in 19 Ländern vertreten und umfasst 256 Unternehmen. Ihre Geschäftsbereiche sind Automobilindustrie, Maschinenbau, Bauindustrie, Einzelhandel, Haushaltsgeräte, Finanzwesen und Versicherungen. Ihre eigene Bank ist die Genossenschaftsbank *Caja Laboral Popular*. Von den zurzeit 95.000 Beschäftigten sind 83 Prozent Mitglieder der Genossenschaft. Angestrebt werden 90 Prozent. – Die Genossenschaft basiert auf der grundsätzlichen Gleichheit der arbeitenden Mitglieder. Erwirtschaftete Gewinne werden zu einem kleinen Teil an die Mitarbeiter ausgeschüttet, zum größten Teil aber reinvestiert sowie einem zentralen Fonds für Zusammenarbeit zur Verfügung gestellt, der neue Projekte und Arbeitsplätze schaffen soll. Insgesamt setzt die Gruppe ca. 15 Milliarden Euro um.

Zu den Erfolgsgeheimnissen gehören nach eigenen Angaben:
- Im Mittelpunkt steht der Mensch, nicht das Kapital.
- Miteigentum und Mitbestimmung sind das Credo.
- Etwa 45 Prozent der Mitarbeiter sind Frauen.
- Es gibt keine Aktionäre.
- Durch die Schaffung wirksamer Instrumente der Kooperation wird auch in Krisenzeiten niemand entlassen.
- Aktuell schwächere Teilbetriebe werden aus den im Solidaritätsfond angesparten Gewinnen unterstützt.

Erwähnenswert sind auch die Bankgenossenschaften nach Friedrich Wilhelm Raiffeisen, die in 180 Staaten der Welt vertreten sind. Die

Genossenschaftsbewegung nach Raiffeisen hat ihre Wurzel im Gedanken der christlichen Solidarität. Ziel ist die gemeinschaftliche Selbsthilfe nach dem Leitmotiv: *Einer für alle – alle für einen.* Friedrich Wilhelm Raiffeisen (1818–1888) war Bürgermeister einer von Hunger und Armut geprägten Gemeinde im deutschen Westerwald und täglich mit der Not der Bauern, Arbeiter und Handwerker konfrontiert. Doch seine rein karitativen Hilfsansätze erwiesen sich in der Praxis als zu wenig nachhaltig. Dadurch gewann Raiffeisen die Überzeugung, dass nur Hilfe zur Selbsthilfe die Probleme der Menschen lösen konnte und gründete 1862 den ersten sogenannten *Darlehenskassen-Verein.*

Nach dem von Raiffeisen entwickelten Modell bildete sich rasch eine große Zahl von Genossenschaften, die nicht auf Gewinn, sondern auf die Förderung ihrer Mitglieder ausgerichtet waren. Die Spareinlagen wohlhabenderer Mitglieder wurden in Form von günstigen langfristigen Darlehen an bedürftigere Mitglieder abgegeben. Damit eröffnete sich für diese erstmals die Möglichkeit, Geld für Investitionen oder die Überbrückung von Dürrejahren aufzunehmen. Nächste Schritte waren der gemeinsame Einkauf von Betriebsmitteln wie Saatgut sowie die gemeinsame Lagerung und der gemeinsame Verkauf von Agrarerzeugnissen. Der Grundstein für die heute weltumspannende Organisation der *Raiffeisengenossenschaften* war gelegt.

Es gibt global Zehntausende Kooperativen, Genossenschaften, und zahlreiche alternative Wirtschaftsformen. In ihnen arbeiten hauptamtlich mehr Menschen als in allen transnationalen Konzernen zusammengenommen. Die Alternativen zur bestehenden Wirtschaftsordnung zielen alle auf dieselben Werte: Allen ist gemeinsam, dass Geld und Kapital nur Mittel, die Ziele aber höher und vielfältiger sind. Schon heute gibt es inmitten des globalen Raubtierkapitalismus Unternehmen, die viele Aspekte der *Gemeinwohl-Ökonomie* praktizieren. Die Botschaft der *Gemeinwohl-Ökonomie* von Christian Felber würde diese Praktiken sichtbar machen und belohnen.

Die vorgenannten Beispiele sind weit mehr als ein Hoffnungsschimmer. Sie zeigen, dass es keinen vernünftigen Grund gibt, nach den gemeinsamen Vorbildern nicht eine globale flächendeckende Unternehmenslandschaft zum Wohle der Menschheit zu gestalten.

Das bedingungslose Grundeinkommen wäre geeignet, diese Neuordnung als erste gesamtgesellschaftliche Maßnahme einzuleiten. Die Einführung dieses Grundeinkommens würde – egal in welcher Variante – einen radikalen Systemwechsel bedeuten: Der zentrale Gedanke ist die völlige Entkoppelung von Arbeit und Einkommen. Jeder und jedem, Kindern wie Erwachsenen, Studierenden ebenso wie Rentnern, Arbeitnehmern und Nichtberufstätigen würde unabhängig von individuellem Bedarf und verfügbarem Einkommen ein staatliches Einkommen gewährt. Die Zahlung des Grundeinkommens soll weder an den Nachweis von Bedürftigkeit gebunden sein noch würde von den Empfängern irgendeine Gegenleistung für die staatliche Unterstützung verlangt. Allein aufgrund der Würde des Menschen soll jedes Individuum in die Lage versetzt werden, die notwendigen Bedürfnisse wie Essen, Kleidung und Wohnung unabhängig vom jeweiligen Einkommen zu realisieren. Grundlegend wäre nicht mehr der Leistungsgedanke, sondern eine umfassende gesellschaftliche Solidarität, die zunächst den Wert jedes Individuums und jedes individuellen Lebensweges anerkennt und respektiert. An die Stelle der Kontrolle von Leistungsbereitschaft bzw. -fähigkeit stellt der Grundeinkommens-Gedanke die Annahme, dass Menschen sich durch sinnvolle Arbeit in die Gesellschaft einbringen möchten. Gesellschaftlich produktive Arbeit, auch das verdeutlicht die Idee, bedeutet weitaus mehr als nur klassische Erwerbsarbeit – auch Ehrenamt oder Familienarbeit sind wichtige Tätigkeiten, die in einem Grundeinkommenssystem einen höheren Stellenwert hätten. Das Grundeinkommen ermöglicht also eine individuellere Lebensplanung, mehr Kreativität und Eigenverantwortung in Bereichen, die im heutigen System ein Armutsrisiko darstellen würden. Dazu zählen z. B. Pausen vom Erwerbsleben die für Familiengründung, (Weiter-)Bildung oder auch zur Gründung eines Unternehmens genutzt werden könnten. Das Einkommen wäre also in seinem Wesen emanzipatorisch.

Über das Grundeinkommen gibt es in Europa eine breite Debatte und zunehmend mehr Befürworterinnen aus allen Gesellschaftsschichten, auch in den Führungsebenen. Der Regierende Bürgermeister von Berlin, Michael Müller (SPD), wirbt seit mehr als einem halben Jahr für ein *solidarisches Grundeinkommen*. Es brauche *neue arbeitsmarktpolitische Instrumente, um die Modernisierungsprozesse der vierten industriellen Revolution zu bewältigen*, sagt er.

Die Digitalisierung wird in Deutschland, Europa und weltweit viele Millionen Arbeitsplätze vernichten. Die *FAZ* berichtet in ihrer Ausgabe vom 02.02.2018, dass allein in Deutschland jeder zehnte Job wegfallen wird. Das würde 3,4 Millionen Menschen betreffen. Die Digitalisierung macht das bedingungslose Grundeinkommen daher unumgänglich.

Das Gesetz wird kommen, doch bis zu seiner Realisierung wird noch viel Zeit vergehen. Bis dahin sind wir aber nicht machtlos. Im Angesicht der geschilderten gesellschaftlichen und ökologischen Zustände werden unzählige aufgeklärte Menschen den Drang empfinden, etwas zu unternehmen. Jeder von uns sollte mit Eigeninitiative teilhaben an der überfälligen Neuausrichtung des gesellschaftlichen Lebens. Dazu möchten wir einige Anregungen vermitteln:

Das Konsumverhalten, besonders der Menschen in den Industriestaaten, führt zu inakzeptablem Ressourcenverbrauch, zu Umweltbelastung und Klimaveränderung. Hier könnten wir unverzüglich für eine positive Entwicklung sorgen, indem wir z. B. landwirtschaftliche und sonstige Erzeugnisse aus der Region bevorzugen.

Wir müssen lernen, der unsinnigen Werbung der Modeindustrie zu widerstehen, und sollten nur die notwendigen Kleidungsstücke kaufen. Wie beeinflussbar viele Menschen durch aggressive Werbemethoden sind, lässt sich zurzeit an fast jedem Ort der Welt beobachten. Zahllose Menschen, junge und weniger junge, sind in modisch zerrissenen Hosen zu sehen. Befreien wir uns doch von dieser Absurdität und hinterfragen jegliche Werbung.

Es ist auch jedem bewusst, dass Plastik in jeglicher Form zu einem globalen Problem geworden ist. Mikroplastik befindet sich bereits in der Nahrungskette. Verzichten wir umgehend auf Plastiktüten, Plastikflaschen und Plastikverpackungen.

Auch bezüglich unserer Mobilität lässt sich einiges verbessern. Mehr radfahren, mehr laufen und die öffentlichen Verkehrsmittel nutzen, entlastet die Umwelt und fördert unser körperliches Wohl.

Es gibt zahlreiche weitere Möglichkeiten, die Umwelt durch unser Verhalten zu schützen, primär durch eine nachhaltige, gemeinwohlorientierte Lebensweise. Damit können wir die ersten Schritte auf einem Weg in eine bessere Zukunft gehen.

Innovationen, Enddeckungen und Veränderungen haben ihren Ursprung im menschlichen Geist. Das gilt im Kleinen wie im Großen. Denken wir an Buddha, Aristoteles, Jesus, Meister Eckard, Kant und Einstein. Aber auch Menschen wie Snowden, Assange und Manning verdienen unseren höchsten Respekt, weil sie durch ihren Mut und ihre Enthüllungen global für Aufklärung über die hochkriminellen Machenschaften der Politik berichteten. Sie und die zahllosen Ungenannten veränderten durch ihre Botschaften die Denk- und Handlungsweisen der Menschen und beeinflussten damit maßgeblich die gesellschaftlichen Entwicklungen.

Spirituelles Bewusstsein

Wertschätzung gebührt auch dem Naturwissenschaftler Dr. Ulrich Warnke. Er ist bezüglich der Vermittlung der Erkenntnisse der Quantenphilosophie einer der bedeutendsten Wegbereiter der Gegenwart. In seinem Buch *Quantenphilosophie und Spiritualität* erklärt und belegt Warnke mithilfe der Quantenphysik die Position unseres Seins im Universum. Unsere irdischen Existenzen sind Bestandteil des sich fortentwickelnden kosmischen Geistes. Dazu erklärt Eugene Paul Wigner (Physik-Nobelpreisträger von 1963): *Die Quantentheorie beweist die Existenz eines universellen Bewusstseins im Weltall*[8].

Liebe und Empathie sind der Schlüssel eines gelingenden Lebens. Denn ohne Liebe und Empathie ist ein Menschenleben leer, einsam und ohne inneren Halt. Der Mensch ist wie kein anderes Wesen physisch und psychisch abhängig von seinem menschlichen Umfeld, primär vom Elternhaus, aber auch das soziale und kulturelle Umfeld trägt zur Entwicklung des Menschen maßgeblich bei. Die ursprünglichste Art der Kommunikation des Menschen ist nichts anderes als Empathie!

Vertrauen entsteht durch Liebe und Empathie. Vertrauen und Zuversicht gegenüber uns selbst, anderen Menschen und allem Leben sind die Grundlagen einer positiven Lebenseinstellung und eines gelingenden Lebens. In unserem auf Konkurrenz und Egoismus fußenden Wirtschaftssystem ist es schwer bis fast unmöglich, das positive Verhältnis zu sich und seinen Mitmenschen zu leben und zu entwickeln. Die Kehrseite des Kapitalismus sind Egoismus und Narzissmus. Sie führen zur Vereinzelung, Einsamkeit und Krankheit des Körpers und der Seele.

Noch unlängst erschienen Gedanken an gesamtgesellschaftliche Veränderungen, die eine humane Ordnung und einen empathischen Menschen hervorbringen können, absurd. Zu robust sind die vorherrschenden Machtstrukturen, die Ausbeutung, Krieg, Gewalt und Mord für ihre Zwecke einsetzen. Das System rast in eine Sackgasse, aus der es nun für dessen Betreiber kein Entrinnen mehr gibt. Dafür sind die beschriebenen globalen Krisen überdeutliche Zeichen. Seit Jahrzehnten bekämpfen unzählige engagierte Bürger, Institutionen und Vereine die globale Ungerechtigkeit und helfen, die entstandenen Schäden zu lindern.

Durch Menschen wie Christian Felber und Dr. Ulrich Warnke wird es jetzt möglich, den Kapitalismus durch eine humane Wirtschaftsordnung zu ersetzen und den Geheimnissen unserer Individualität und unseres Daseinszwecks zu begegnen.

Jeder von uns ist in der Lage, für sich *Wirklichkeit* herzustellen. Dr. Warnke belegt durch seine Forschung, dass wir erst durch unsere Auswahl aus *dem Meer aller Möglichkeiten* Realität schaffen und damit dem Ereignis Sinn und Bedeutung geben. Mit der Entscheidung für die *Gemeinwohl-Ökonomie* und damit gegen die bestehende Ausbeutung, schaffen wir eine zukunftweisende Realität, mit der eine auf das Gemeinwohl orientierte Wirtschaft dem universellen Anspruch der Menschenrechte auf eine soziale Weltordnung gerecht wird. In dieser können alle Menschen in Freiheit und ohne Angst und Not, in Gleichheit, Sicherheit und Menschenwürde leben. In diesem Zusammenhang seien die Worte von Michil Costa, Geschäftsführer des Hotel *La Perla Corvara* in Italien genannt: *Denken wir miteinander über das Gemeinwohl nach, werden wir uns in einen anderen Zustand versetzt fühlen. Wir werden frei sein von den niederen Sorgen des Alltags, werden neue Kraft und Zuversicht in uns spüren, uns tief bereichert fühlen. Gemeinwohl-Ökonomie ist aber nicht nur Poesie. Die Gemeinwohl-Ökonomie öffnet unsere Herzen und pflanzt Samen des Wachstums. Samen von Kultur und Schönheit.*[10]

Die Realität der *Gemeinwohl-Ökonomie* ist der ideale Raum für ein menschenwürdiges Leben in Freiheit und Würde. In diesem in jeder Hinsicht hoffnungsvollen Umfeld wird unsere Lebenszeit auf Erden der Weiterentwicklung unseres wahren Selbst, unserer Seele dienlich sein.

12 Nachwort

Wir haben im Jahr 2015 *EXODUS –Aufbruch in eine neue Gesellschaftsordnung* im Frieling-Verlag veröffentlicht. In dieser Streitschrift wurden die verheerenden Folgen der kapitalistischen Produktionsmaschine für die Menschheit und die Natur in aller Deutlichkeit dargestellt und als Verantwortliche die global agierenden Herrschaftssysteme mit ihren Protagonisten identifiziert. Unser nicht nachlassender Kampf gegen die weltweite Ungerechtigkeit, die keine Gesellschaftsform verschont, sowie unser Hinwirken auf ein menschwürdiges Leben in einer intakten Umwelt, haben uns veranlasst, das vorliegende Buch zu verfassen.

Die globale soziale Ungleichheit, die Milliarden Menschen in ihrer Existenz bedroht, ist beschämend. Bei unseren Recherchen haben wir die Gründe für Armut, Reichtum, Überfluss, Hunger und Tod durch Nahrungsmangel aufdecken können. Es ist die herrschende Klasse, die mit einem perfiden System, das Wirtschaft und Politik dominiert, sämtliche Gesellschaften für ihre Zwecke nutzt und die Natur rücksichtslos ausbeutet. Jeder Mensch, ob in Zentralafrika, New York oder Düsseldorf ist von dieser gnadenlosen Herrschaft betroffen.

Die geschilderten Begebenheiten beinhalten Erschütterndes und gleichzeitig Hoffnungsvolles. Die Wahrheit, auch wenn sie uns mit Schrecken und Bosheit begegnet, führt zu Erkenntnissen, die uns zu Veränderungen gegenüber der Politik und dem bestehenden Wirtschaftssystem antreiben sollten.

Eine weitere elementare Erkenntnis ist die Gewissheit, dass jeder von uns ein Teil des universellen Bewusstseins ist und Liebe gegenüber der Natur den Sinn unserer Existenz bestimmt. So sind Wahrheit und Liebe die Wegweiser unseres irdischen Lebens. Auf unserer Suche nach Wahrheit und Lebenssinn begegneten uns Menschen, die mit unterschiedlichen Kommentaren das Handeln der Herrschaftsklasse beschreiben und anprangern. Wir befinden uns mit ihnen auf einem gemeinsamen Weg der Veränderung.

Mit großem Respekt bekunden wir unsere Anerkennung für die Schriften der in diesem Buch zitierten Autoren, deren Erkenntnisse uns halfen, die geschilderten Zusammenhänge darzustellen.

Möge dieses Buch dazu beitragen, die Unwissenheit über die Ursachen des Leids der Menschen im 21. Jahrhundert gegen Wissen zu ersetzen.

Die Sorge um die Existenz unserer Kinder und Kindeskinder macht es erforderlicher als je zuvor, das bestehende Gesellschaftssystem radikal zu einem menschenwürdigen, die Natur achtenden zu revolutionieren.

Wir rufen zum aktiven gewaltfreien Widerstand gegen das herrschende Politik- und Wirtschaftssystem auf, um eine weltweite revolutionäre Bewegung zu provozieren, deren Intention es ist, dass Menschen ein Leben ohne Ausbeutung, Diskriminierung, Hunger und Krieg führen können. Ein Leben in einer Gesellschaft, die auf Solidarität und sozialer Gerechtigkeit aufbaut, in der es keine Ausbeutung und keine Herrschaft von Menschen über andere Menschen mehr gibt. Es ist uns bewusst: Das ist ein tollkühner Plan – und den wollen wir durch eine soziale Revolution erreichen!

Wir hoffen, wir konnten mit diesem Buch einen Beitrag zur Veränderung leisten, denn Wissen erzeugt Veränderung. Die Zukunftsaussichten durch die Erkenntnisse der Quantenphilosophie und der Gemeinwohl-Ökonomie sind revolutionär und uneingeschränkt positiv.

Wenn der Wind der Veränderung weht, bauen die einen Mauern und die anderen Windmühlen.

Chinesisches Sprichwort

Nutzen wir diesen Wind für die Verbreitung des Samens der Erkenntnis. Dadurch können wir gemeinsam eine verheißungsvolle Zukunft erschaffen!

GFG – Gemeinschaft für Frieden und Gerechtigkeit

13 Quellenverzeichnis und Anhang

Vorwort

1) presseportal.de; Weltbevölkerung zum Jahreswechsel 2017/2018, zu Beginn 2018 lebten 7.591.541.000 Menschen auf der Erde

2. Kapitel

1) Wissen.de- Photosynthese – Wie grün sind Deine Blätte

3. Kapitel

1) *Spektrum* in seiner online Ausgabe vom 1.5.2003
2) weltagrarbericht.de, Ausgabe von 2017
3) weltagrarbericht.de, 16.10.2014, FAO-Bericht: *Kleinbauern sind das Rückgrat der Welternährung*
4) www.Oxfam.de, 26. Oktober 2016: *Biosprit-Lobbyisten beeinflussen EU-Politik – mit fatalen Folgen*
5) weltargrarbericht.de, 2017 Fehlernährung und krankhafte Überernährung
6) spiegel.de 23.9.2010, OECD-Studie: *Fettleibigkeit wird weltweit zur Volkskrankheit*
7) Am 7. Januar 2017 sendete die ARD einen Beitrag mit dem Titel: *Wissenschaftsbetrug: Wie die Zuckerlobby die Welt täuschte*
8) *Süß, aber gefährlich*, Hoffmann und Campe, 1974, deutsche Neuausgabe 2016, mit Robert Lustig: *Pur, weiß, tödlich. Warum der Zucker uns umbringt – und wie wir das verhindern können*, Systemed Verlag GmbH, ISBN 978-3942772419
9) ble.de Bundesanst. f. Landwirtschaft u. Ernährung, Bericht *Zucker*, 4.2017
10) n-tv.de, 12.06.2017
11) spiegel.de, 12.06.2017
12) focus.de, 20.6.2015

4. Kapitel

1) Karl Julius Alwin Beloch, * 21. Januar 1854 in Petschkendorf, †
   1. Februar 1929 in Rom, deutscher Althistoriker, zahlreiche Publikationen u. Aufsätze

2) berlin-institut.org, *Die Bevölkerungsentwicklung in der Geschichte*, Okt.2007

3) United Nations – Department of Economic and Social Affairs,
   Population Division (2015): *World Population Prospects: The
   2015 Revision*

4) bpb.de, Bundeszentrale für politische Bildung 9.10.12, *Wir lassen sie verhungern* – Interview mit Jean Ziegler

5) grin.com//document/53251, *Die Erfolge des Marius gegen den
   »furor Teutonicus«*

6) welt.de, Geschichte, Goten-Zug 376 n. Chr., *Was Roms Völkerwanderung von heute unterscheidet*, 29.09.2015

7) Peter Heather, *Invasion der Barbaren*, Klett-Cotta Verlag, deutsche Ausgabe 2011

8) planet-wissen.de vom 30.1.18, *Flüchtlingsströme, Flucht und
   Vertreibung als Kriegsfolge*

9) Jochen Oltmer (* 5. August 1965 in Wittmund) ist ein deutscher
   Historiker und Migrationsforscher, *Globale Migration, Geschichte und Gegenwart*, erschienen im C. H. Beck Verlag 2012

10) Einblicke in die syrische Flüchtlingskrise, UNHCR Deutsch-
    land, 22. Mai 2017

11) *Syrien erlebte offenbar schlimmste Dürre seit 900 Jahren*, spek-
    trum.de, 2.3.16

12) NOAA Bericht 2011; die Nationale Ozean-und Atmosphärenbe-
    hörde ist die Wetter- und Ozeanografie Behörde der Vereinigten
    Staaten.

13) wissenschaft.de, 1.4.1998:*Unser ökologischer Fußabdruck* von
    Mathis Wackernagel, William Rees

14) wwf.de; der WWF (World Wide Fund For Nature, bis 1986 World Wildlife Fund) ist eine Schweizer Stiftung mit Sitz in Gland, Kanton Waadt, sie wurde 1961 gegründet und ist eine der größten internationalen Natur- und Umweltschutzorganisationen

15) chnutz.de, *Bevölkerungsentwicklung & Tragfähigkeit*, Referat zum Regionalseminar *Karibik, 2000*

5. Kapitel

1) https://www.laenderdaten.de/wirtschaft/erwerbstaetige.aspx1
2) OECD (Organisation für wirtschaftliche Zusammenarbeit und Entwicklung), epo.de, Entwicklungspolitik online
3) welt-auf-einen-blick.de
4) iaq.uni-due.de, Institut für Arbeit und Qualifikation an der Fakultät für Gesellschaftswissenschaften der Universität Duisburg-Essen.
5) deutsche-wirtschafts-nachrichten.de
6) boeckler.de, 26.04.2016, WSI-Datenbank liefert neue Daten für alle Kreise und Städte, atypische Beschäftigung: weitere Zunahme bei Teilzeit und Leiharbeit
7) wiwo.de, WirtschaftsWoche online
8) ilo.org, ILO –Internationale Arbeitsorganisation, Berliner Presseinformationen vom 19. Mai 2015: *Unsicherheit und wachsende Ungleichheit auf dem globalen Arbeitsmarkt. Zuwachs an Jobs in globalen Lieferketten erfordert eine abgestimmte politische Strategie, World Employment and Social Outlook 2015 – The Changing Nature of Jobs*

6. Kapitel

1) deutschlandfunk.de, Am 24. Juli 1929 trat der Briand-Kellogg-Pakt in Kraft. Seinen Namen trug er nach dem französischen Außenminister Aristide Briand und dem amerikanischen Außenminister Frank Kellogg. In dem Vertrag vereinbarten die

62 Unterzeichner-Staaten, ihre Streitigkeiten nur mit friedlichen Mitteln lösen zu wollen.

2) De Gruyter Verlag, Völkerrecht Band 1, Seite 308, Georg Dahn und Jost Delbrück,

3) danieleganser.ch, Dr. Daniele Ganser-Schweizer Historiker, Energie- und Friedensforscher, Leiter des Swiss Institute for Peace and Energy Research (SIPER)
   In meiner Arbeit untersuche ich die Themen Energie, Krieg und Frieden aus geostrategischer Perspektive. Tausende Menschen engagieren sich heute weltweit für Frieden und erneuerbare Energien. Ich glaube, dass auch Wissenschaftler helfen können, einen Teil der Lügen und der Brutalität zu überwinden, die unsere Welt noch immer prägen.
   Forschungsschwerpunkte:
   - Internationale Zeitgeschichte seit 1945
   - Verdeckte Kriegsführung und Geheimdienste
   - US-Imperialismus und Geostrategie
   - Energiewende und Ressourcenkriege
   - Globalisierung und Menschenrechte

4) deutschlandfunkkultur.de, Interview/Archiv/Beitrag vom 30.05.2012
   Peak Oil ist ein modernes Schlagwort geworden und bezeichnet den Zeitpunkt, an dem das Maximum an Ölförderung erreicht ist. Friedensforscher Daniele Ganser warnt vor endlosen Ressourcenkriegen um Erdöl

5) ag-friedensforschung.de, *Die Sicherheit Deutschlands wird auch am Hindukusch verteidigt; die Äußerung selbst fiel in einer Pressekonferenz am 5. Dezember 2002, als Struck die Überarbeitung der Verteidigungspolitischen Richtlinien aus dem Jahr 1992 ankündigte*

6) heise.de, Telepolis – LIHOP oder MIHOP und warum das eine Rolle spielt, Beitrag vom 3.1.2017; *der Artikel vermeidet die*

Frage, ob die jüngsten Terroranschläge wirklich von den jeweils beschuldigten Tätern begangen wurden (weil sie von den Eliten dazu angestiftet wurden), was man LIHOP (Let It Happen On Purpose) nennt, oder ob sie inszeniert wurden, mit bezahlten Tätern, die geschützt werden, und Sündenböcken, die als Täter vorgeschoben werden (MIHOP=Made It Happen On Purpose)

7) navigator-allgemeinwissen.de, *der Begriff Klerus (lat.: clerus = auserwählter Stand) steht für die Gesamtheit der Angehörigen des Priesterstandes innerhalb der katholischen Kirche; dabei handelt es sich um Personen, die durch Wahl oder durch das Sakrament der Priesterweihe mit einem kirchlichen Amt betraut sind*

8) planet-wissen.de, Menschenrechte/Sklaverei, 8.1.2018

9) welt.de, *Als muslimische Sklavenjäger Afrika entvölkerten*, veröffentlicht am 30.03.2010 von Ulrich Baron

10) *Verschleierter Völkermord: Lange bevor die Europäer kamen, veranstalteten die Araber Menschenjagden*

11) planet-wissen.de, Menschenrechte, Sklaverei, moderne Sklaverei 8.1.18

7. Kapitel

1) kritisches-netzwerk.de, Beitrag vom 26.11. 2013: *Befreiung von Religion, Christentum und anderen Altlasten*

2) alles-schallundrauch.blogspot.com/2009/04/wem-gehort-die-welt.html

3) 2016: *Wem gehört die Welt: Die Machtverhältnisse im globalen Kapitalismus*, Albrecht Knaus Verlag, München ISBN 978-3-8135-0736-2

4) *welt.de, 26.10.2011, Die globale Macht der Großkonzerne*

5) newscientist.com lupocattivoblog.com/2011/11/14/wem-gehort-die-welt-wer- beherrscht-die-weltwirtschaft/

6) derwaechter.net/komplette-liste-von-banken-im-besitz-und-unter-kontrolle-der-rothsc.

7) bmz.de/de/service/glossar/I/ibrd.html; d*ie Internationale Bank für Wiederaufbau und Entwicklung (International Bank for Reconstruction and Development, IBRD) wurde 1944 auf der Konferenz von Bretton-Woods als Teil der Weltbankgruppe gegründet*

8) imf.org/external/np/exr/facts/deu/glanced.htm; d*er Internationale Währungsfonds (IWF) wurde am 27. Dezember 1945 mit der Unterzeichnung eines Übereinkommens durch 29 Länder offiziell ins Leben gerufen; ausgearbeitet wurde das Übereinkommen auf einer Konferenz in Bretton Woods, im amerikanischen Bundesstaat New Hampshire (1. bis 22. Juli 1944).; der IWF nahm seine Finanzoperationen am 1. März 1947 auf*

9) John Perkins: *Bekenntnisse eines Economic Hitman*, erschienen 2007 im Goldmann Verlag

10) statista.com/statistik/daten/studie/181482/umfrage/liste-der-top-25-milliardaere- weltweit/

11) rubikon.news/autoren/jens-wernicke; *Jens Wernicke, Jahrgang 1977, Diplom-Kulturwissenschaftler (Medien), arbeitete lange als wissenschaftlicher Mitarbeiter in der Politik und als Gewerkschaftssekretär: er verantwortete mehrere Jahre das Interviewformat der NachDenkSeiten, Deutschlands meistgelesenem politischen Blog*

12) nachdenkseiten.de, 21. November 2016 *Der Fluch des Reichtums*

13) *Der Fluch des Reichtums*, Tom Burgis, Westend Verlag; 2. November 2016

14) John Perkins: *Bekenntnisse eines Economic Hitman*, erschienen 2007 im Goldmann Verlag

8. Kapitel

1) contra-magazin.com/2017/08/das-medienimperium-des-council-on-foreign-relation; *eine Untersuchung über den Einfluss des Council in Foreign Relation (CFR), der Bilderberger und der Trilateralen Kommission zeigt, dass sie ein gewaltiges Mediennetzwerk kontrollieren. Es ist kein Geheimnis, dass das im Jahr 1921 gegründete einflussreiche Council on Foreign Relations, eine parteiübergreifende Organisation um Amerika für seine weltweite Verantwortung aufzuwecken, einen großen Einfluss auf die Geopolitik besitzt. Immerhin haben das CFR und seine rund 5.000 Mitglieder auch für Jahrzehnte die US-Außenpolitik orchestriert*

2) macht-steuert-wissen.de, 29. Februar 2016: *Warum nach dem Bargeldverbot jeder einen RFID-Chip bekommen soll*

3) KenFM im Gespräch mit: Prof. Dr. Rainer Rothfuß (Uni Tübingen) am 5.2.2015

4) lobbypedia.de/wiki/Atlantik-Brücke: *Die Atlantik-Brücke ist ein Verein, dem führende Persönlichkeiten aus Wirtschaft, Politik, den Streitkräften, der Wissenschaft, den Medien und der Kultur* angehören, die über das gemeinsame Netzwerk gesellschaftspolitischen Einfluss nehmen und Kontakte pflegen. Neben Entscheidungsträgern aus diesen Bereichen, die bei der Atlantik-Brücke einen Rahmen für vertrauliche Gespräche finden, gehören zu dem Verband aber auch Nachwuchsführungskräfte, die auf den *Young-Leaders-* Konferenzen Netzwerke schmieden. Unter den Mitgliedern spielen Spitzenmanager und diesen nahestehende Politiker eine herausragende Rolle. Der Vorsitzende, Friedrich Merz, ist ein mit der Wirtschaftslobby bestens vernetzter ehem. hochrangiger CDU-Politiker.
wikipedia.org/wiki/Aspen_Institute: *Das Aspen Institute (engl. Bezeichnung: The Aspen Institute) ist eine US-amerikanische*

Denkfabrik. Es hat seinen Hauptsitz in Washington, D.C., Tagungsstätten in Aspen, Colorado und Wye Plantation, Maryland, und hat ein internationales Netzwerk von unabhängigen Dependancen in Deutschland, Italien, Frankreich, Rumänien, Indien und Japan. Präsident und CEO ist derzeit Walter Isaacson.

5) n-tv.de/wirtschaft/Welt-Schuldenberg-waechst-article19779282.html, 4.4.2017

9. Kapitel

1) III. Der Bundestag, Artikel 38:
   (1) Die Abgeordneten des Deutschen Bundestages werden in allgemeiner, unmittelbarer, freier, gleicher und geheimer Wahl gewählt. Sie sind Vertreter des ganzen Volkes, an Aufträge und Weisungen nicht gebunden und nur ihrem Gewissen unterworfen.

2) sueddeutsche.de/politik/hyperkapitalismus-und-digitalisierung-die-totalausbeutung-des-menschen-1.3035040, 20. Juni 2016

10. Kapitel

1) http://kworkquark.desy.de/lexikon/lexikon.rutherford/1/index.ht ml: *Ernest Rutherford (1871–1937) Neuseeländischer Physiker. Lord Ernest Rutherford wurde insbesondere durch sein Streuexperiment bekannt, mit dem er die Atomkerne im Inneren von Atomen entdeckte. Darauf aufbauend entwickelte er das Rutherfordsche Atommodell, nach dem die elektrisch positiven Atomkerne von elektrisch negativen Elektronen umgeben werden.*

2) br.de/fernsehen/ard-alpha/sendungen/werner-heisenberg/index.html: *Mit seiner Quantenmechanik hat Werner Heisenberg (5.12.1901–1.2.1976) das Tor in eine neue Welt der*

Physik aufgestoßen. Heisenberg stellte das seit Isaac Newton dominierende mechanistische Weltbild der Physik auf den Kopf.

3) www.leifiphysik.de/atomphysik/quantenmech-
atommodell/geschichte/erwin-schroedinger-1887–1961, Erwin Schrödinger (1887–1961): *Die elektromagnetischen Wellen – also auch die Lichtwellen – wurden durch Gleichungen, die der berühmte englische Theoretiker James Clerk Maxwell (1831–1879) aufstellte, beschrieben. Die mathematische Beschreibung der de-Broglie-Wellen gelang 1926 dem österreichischen Physiker Erwin Schrödinger (1887–1961), die er in seiner berühmten Arbeit über die Quantisierung als Eigenwertproblem niederlegte.*

4) Dieter Schuster: *Das Quantengeheimnis– Die Wissenschaft entdeckt das Jenseits*, Verlag Contessa, September 2015

5) *Dr. rer. nat. Ulrich Warnke, Jahrgang 1945, ist ein ausgewiesener Naturwissenschaftler. Er studierte Biologie, Physik, Geografie und Pädagogik. Als Universitätsdozent hatte er Lehraufträge für Biomedizin, Biophysik, Umweltmedizin, Physiologische Psychologie und Psychosomatik, Präventivbiologie und Bionik (Entschlüsselung und technische Umsetzung von Erfindungen der belebten Natur).*

6) spektrum.de/lexikon/astronomie/casimir-effekt/61: *Der Casimir-Effekt ist nach dem Physiker Hendrick B. G. Casimir benannt, der diesen Effekt 1948 berechnet hat. Der Effekt besagt, dass zwei parallel ausgerichtete Metallplatten sich im Vakuum anziehen.*

7) geboren.am/person/eugene-paul-wigner: *Eugene Paul Wigner, 1902–1995, war ein ungarisch- amerikanischer Physiker, 1963 Nobelpreis für Physik für seine Beiträge zur Theorie des Atomkerns und der Elementarteilchen, besonders durch die Entdeckung und Anwendung fundamentaler Symmetrie-Prinzipien –* qs-wob.de/quantenphysik/ Zitat Eugene Paul Wigner: *Die Quan-*

tentheorie beweist die Existenz eines universellen Bewusstseins im Universum

8) welt.de/wissenschaft/article1938328/Die-Seele-existiert-auch-nach-dem-Tod.html; *der Kernphysiker und Molekularbiologe Jeremy Hayward kommt zu dem Schluss, dass das menschliche Bewusstsein möglicherweise sogar grundlegender sei als Raum und Zeit*

11. Kapitel

1) globalagriculture.org, 07.11.2017: *Konzentration im Agrarsektor: Risiko für Bauern, Verbraucher und Umwelt*

2) abendblatt.de/nachrichten/article205281479/Fettsucht-Uebergewicht-Fettleibigkeit-Neue-Forschungsergebnisse.html

3) Verlag: Promedia (21. August 2017) ISBN-10: 3853714250 /ISBN-13: 978-3853714256

4) Bernd Hamm (* 5. August 1945 in Groß-Gerau; † 19. Juni 2015 in Berlin) war ein deutscher Soziologe und Professor, seit 1977 bis 2008 Professor für Soziologie (C3) an der Universität Trier

5) gruenderszene.de/lexikon/begriffe/chief-executive-officer-ceo, *der Chief-Executive- Officer ist die amerikanische Bezeichnung für das geschäftsführende Vorstandsmitglied eines Unternehmens.*

6) lateinamerika-studien.at/content/wirtschaft/ipo/ipo-2108.html, Internationale Politische Ökonomie – Washington Consensus

7) fortschrittszentrum.de/dokumente/2012-02_SA9_-Gemeinwohloekonomie.pdf

8) qs-wob.de/quantenphysik/

9) deutschlandfunkkultur.de/der-empathische-mensch-kann-kriege-verhindern.954.de.html?dram%3Aarticle_id=247188

10) ecogood.org/de/community/botschafterinnen/

Anhang zu Kapitel 7.4:
Die 50 weltweit einflussreichsten Unternehmen

1) Barclays plc – Marcus A.P. Agius – seine Ehefrau ist keine Geringere als die Tochter von Edmund de Rothschild

2) Capital Group Companies Inc – Steven M. Rothschild Return to Capital Research

3) Group, Inc … He is Director of three companies, the College of St. Benedict and

4) FMR Corporation – Rothschild Bank AG

5) AXA – M&A: Rothschild GmbH

6) State Street Corporation – Edmond de Rothschild

7) JP Morgan Chase & Co – seit je her mit Rothschild verbunden – FED

8) Legal & General Group plc – JP Morgan Europe Ltd, N M Rothschild

9) Vanguard Group Inc – ROTHSCHILD ASSET MANAGEMENT INC

10) UBS AG – Rothschild

11) Merrill Lynch & Co Inc – seit je her an Rothschild gebunden

12) Wellington Management Co LLP – Rothschild Asset Management, Inc.

13) Deutsche Bank AG – historisch verbunden mit Mayer Carl und Wilhelm Carl v. Rothschild, sind bei Rothschild hoch verschuldet

14) Franklin Resources Inc – Rothschild Fund Management

15) Credit Suisse Group – Der langjährige Chef im Private Banking der Credit Suisse wurde in den Verwaltungsrat der Genfer Edmond de Rothschild Holding aufgenommen.

16) Walton Enterprises LLC – John Walton hat seit je her enge Verbindung zu Rothschild

17) Bank of New York Mellon Corp – Enge Verbindung zu Rothschild
18) Natixis – N M Rothschild & Sons • Oppenheimer
19) Goldman Sachs Group Inc – historisch verwachsen mit Rothschild – FED
20) T Rowe Price Group Inc – Citigroup Inc., Wells Fargo & Co., J.P. Morgan Chase & Co., and Morgan Stanley. Merrill Lynch & Co. and T. Rowe Price … Rothschild
21) Group (LCF Rothschild …
22) Legg Mason Inc – from Rothschild Asset Mangement Ltd
23) Morgan Stanley – Die Federal Reserve Bank FED befindet sich im Privatbesitz von Rockefeller (Chase Manhattan Bank), Morgan Stanley, Rothschild, Goldmann Sachs usw
24) Mitsubishi UFJ Financial Group Inc – Banque Privée Edmond de Rothschild
25) Northern Trust Corporation – NM Rothschild Northern Trust Novartis
26) Société Générale – (SocGen)haben ihrerseits Merrill Lynch und Rothschild angeheuert, um eine Abwehrstrategie zu entwickeln
27) Bank of America Corporation – They join Bank of America from N M Rothschild & Sons Limited
28) Lloyds TSB Group plc – N M Rothschild & Sons
29) Invesco plc – British investment bank, whose investment division subsequently became INVESCO Plc amd … In addition he sat on the Asia Strategy Committee and was Chairman of Rothschild Japan KK
30) Allianz SE 29. TIAA – Allianz SE 29. TIAA 30. Old Mutual Public Limited Company
31) Old Mutual Public Limited Company – Group Limited, Nedbank Limited and Old Mutual Life Assurance Company … He joined Rothschild in 1977
32) Aviva plc 32. … All controlled by Rothschild Fronts

33) Schroders plc – fund manager in 1998 and managed retail funds at HSBC Asset Management and Rothschild ... Authorised and regulated by the Financial Services Authority © Copyright 2010 Schroders plc.

34) Dodge & Cox – Rothschild Investments: SNC Capital Management Stifel Financial ... Dodge & Cox Invstmnt. Mgrs East West Securities Freemont Group J.P. Morgan Chase&Co 34. Lehman Brothers Holdings Inc* – hat sich erledigt, aber – Jack Klues Return to Lehman Brothers Holdings Inc ... La Compagnie Financière Edmond de Rothschild Banque

35) Sun Life Financial Inc – Fidelity Investments, Sr. Operations Manager at Sun Life Financial ... Human Resources at Hometown Forecast Services, Inc. ... Partner at Fox Rothschild

36) Standard Life plc – Legal & General Group; Prudential PLC; Standard Life. Key Dates: 1977: Lord Jacob Rothschild forms an entity to control financial services and investment companies.

37) CNCE – BNP Paribas: Société Générale: Axa: Crédit Foncier: CNCE: Edmond de Rothschild Asset Management

38) Nomura Holdings Inc – Press Release Tokyo, 15 February 2005 Nomura and Rothschild Form M&A Alliance Nomura Securities Co., Ltd., a wholly-owned subsidiary of Nomura Holdings, Inc

39) The Depository Trust Company – Rothschild Bank of London Rothschild Bank of Berlin Warburg Bank of Hamburg ... OrgName: The Depository Trust Company OrgID: HEDEP Address: 55 Water Street, 19th Floor New York

40) Massachusetts Mutual Life Insurance – Rothschild Bank of London Rothschild Bank of Berlin Warburg Bank of Hamburg ... OrgName: The Depository Trust Company OrgID: THEDEP Address: 55 Water Street, 19th Floor New York

41) ING Groep NV – ING Group still operates ING Bank of Canada, also known as ... Moelis & Company • N M Rothschild &

Sons • Oppenheimer ... ABN Amro Bank NV • De Nederlandsche Bank • ING Bank NV

42) Brandes Investment Partners LP – dissolution of Atticus Capital in 2009, Rothschild became co-chairman of the hedge fund Attara Capital LP, the successor investment ... retailer and owner of the Kookai clothing Brandes Investment Partners LP

43) Unicredito Italiano SPA – kaum was im Netz, aber das was ich in einer italienischen Zeitung «lesen" konnte deutete auf auf Rothschild hin

44) Deposit Insurance Corporation of Japan – The Federal Deposit Insurance Corporation (FDIC) is an independent agency ... Japan-United States Friendship Commission; Joint ...Rothschild North America, Inc.; Rothschild, Inc

45) Vereniging Aegon – €3.5 billion secondary offering ABN Amro Rothschild LLC, AEGON NV, Morgan Stanley & Co Inc, Vereniging AEGON. Vereniging Aegon, Aegon NV's (Aegon) largest shareholder, has disposed ...

46) BNP Paribas – BNP Paribas is a European banking and financial group specialized in corporate, private ... Seine Karriere begann er bei der Deutschen Bank bevor er 2000 zu Rothschild wechselte

47) Affiliated Managers Group Inc – Petroleum Exporting Countries (OPEC) investment managers ... complete without some mention of the missions of Rothschild Capital Group and its more than 3, 500 world-wide affiliated

48) Resona Holdings Inc – Simon Rothschild

49) Capital Group International Inc – James Rothschild. Prior to joining Monument Capital Group, Mr. Rothschild was an investment professional with ... focused role, being responsible for identifying international partners

50) China Petrochemical Group Company – Resona Holdings Inc

Liste der Banken unter der Kontrolle der Familie Rothschild

1) Ägypten: Central Bank of Egypt
2) Albanien: Bank of Albania
3) Algerien: Bank of Algeria
4) Äquatorialguinea: Bank of Central African States
5) Argentinien: Central Bank of Argentina
6) Armenien: Central Bank of Armenia
7) Aruba: Central Bank of Aruba
8) Aserbaidschan: Central Bank of Azerbaijan Republic
9) Äthiopien: National Bank of Ethiopia
10) Australien: Reserve Bank of Australia
11) Bahamas: Central Bank of The Bahamas
12) Bahrain: Central Bank of Bahrain
13) Bangladesch: Bangladesh Bank
14) Barbados: Central Bank of Barbados
15) Belgien: National Bank of Belgium
16) Belize: Central Bank of Belize
17) Benin: Central Bank of West African States (BCEAO)
18) Bermuda: Bermuda Monetary Authority
19) Bhutan: Royal Monetary Authority of Bhutan
20) Bolivien: Central Bank of Bolivia
21) Bosnien: Central Bank of Bosnia and Herzegovina
22) Botswana: Bank of Botswana
23) Brasilien: Central Bank of Brazil
24) Bulgarien: Bulgarian National Bank
25) Burkina Faso: Central Bank of West African States (BCEAO)
26) Burundi: Bank of the Republic of Burundi
27) Caymaninseln: Cayman Islands Monetary Authority
28) Chile: Central Bank of Chile
29) China: The People's Bank of China

30) Costa Rica: Central Bank of Costa Rica
31) Dänemark: National Bank of Denmark
32) Deutschland: Deutsche Bundesbank
33) Dominikanische Republik: Central Bank of the Dominican Republic
34) Ecuador: Central Bank of Ecuador
35) El Salvador: Central Reserve Bank of El Salvador
36) Elfenbeinküste: Central Bank of West African States (BCEAO)
37) Estland: Bank of Estonia
38) Europäische Union: European Central Bank
39) Fidschi: Reserve Bank of Fiji
40) Finnland: Bank of Finland
41) Frankreich: Bank of France
42) Gabun: Bank of Central African States
43) Gambia: Central Bank of The Gambia
44) Georgien: National Bank of Georgia
45) Ghana: Bank of Ghana
46) Griechenland: Bank of Greece
47) Guatemala: Bank of Guatemala
48) Guinea-Bissau: Central Bank of West African States (BCEAO)
49) Guyana: Bank of Guyana
50) Haiti: Central Bank of Haiti
51) Honduras: Central Bank of Honduras
52) Hongkong: Hong Kong Monetary Authority
53) Indien: Reserve Bank of India
54) Indonesien: Bank Indonesia
55) Irak: Central Bank of Iraq
56) Iran: The Central Bank of the Islamic Republic of Iran
57) Irland: Central Bank and Financial Services Authority of Ireland
58) Island: Central Bank of Iceland
59) Israel: Bank of Israel

60) Italien: Bank of Italy
61) Jamaika: Bank of Jamaica
62) Japan: Bank of Japan
63) Jemen: Central Bank of Yemen
64) Jordanien: Central Bank of Jordan
65) Kambodscha: National Bank of Cambodia
66) Kamerun: Bank of Central African States
67) Kanada: Bank of Canada – Banque du Canada
68) Kasachstan: National Bank of Kazakhstan
69) Katar: Qatar Central Bank
70) Kenia: Central Bank of Kenya
71) Kirgistan: National Bank of the Kyrgyz Republic
72) Kolumbien: Bank of the Republic
73) Komoren: Central Bank of Comoros
74) Kongo: Bank of Central African States
75) Korea: Bank of Korea
76) Kroatien: Croatian National Bank
77) Kuba: Central Bank of Cuba
78) Kuwait: Central Bank of Kuwait
79) Lesotho: Central Bank of Lesotho
80) Lettland: Bank of Latvia
81) Libanon: Central Bank of Lebanon
82) Libyen: Central Bank of Libya (Ihre neueste Eroberung)
83) Litauen: Bank of Lithuania
84) Luxemburg: Central Bank of Luxembourg
85) Macao: Monetary Authority of Macao
86) Madagaskar: Central Bank of Madagascar
87) Malawi: Reserve Bank of Malawi
88) Malaysia: Central Bank of Malaysia
89) Mali: Central Bank of West African States (BCEAO)
90) Malta: Central Bank of Malta

91) Marokko: Bank of Morocco
92) Mauritius: Bank of Mauritius
93) Mazedonien: National Bank of the Republic of Macedonia
94) Mexiko: Bank of Mexico
95) Moldawien: National Bank of Moldova
96) Mongolei: Bank of Mongolia
97) Montenegro: Central Bank of Montenegro
98) Mosambik: Bank of Mozambique
99) Namibia: Bank of Namibia
100) Nepal: Central Bank of Nepal
101) Neuseeland: Reserve Bank of New Zealand
102) Niederlande: Netherlands Bank
103) Niederländische Antillen: Bank of the Netherlands Antilles
104) Niger: Central Bank of West African States (BCEAO)
105) Nigeria: Central Bank of Nigeria
106) Nikaragua: Central Bank of Nicaragua
107) Norwegen: Central Bank of Norway
108) Oman: Central Bank of Oman
109) Österreich: Oesterreichische Nationalbank
110) Östliche Karibik: Eastern Caribbean Central Bank
111) Pakistan: State Bank of Pakistan
112) Papua-Neuguinea: Bank of Papua New Guinea
113) Paraguay: Central Bank of Paraguay
114) Peru: Central Reserve Bank of Peru
115) Philippinen: Bangko Sentral ng Pilipinas
116) Polen: National Bank of Poland
117) Portugal: Bank of Portugal
118) Ruanda: National Bank of Rwanda
119) Rumänien: National Bank of Romania
120) Salomonen: Central Bank of Solomon Islands
121) Sambia: Bank of Zambia

122) Samoa: Central Bank of Samoa
123) San Marino: Central Bank of the Republic of San Marino
124) Saudi-Arabien: Saudi Arabian Monetary Agency
125) Schweden: Sveriges Riksbank
126) Schweiz: Swiss National Bank
127) Senegal: Central Bank of West African States (BCEAO)
128) Serbien: National Bank of Serbia
129) Seychellen: Central Bank of Seychelles
130) Sierra Leone: Bank of Sierra Leone
131) Simbabwe: Reserve Bank of Zimbabwe
132) Singapur: Monetary Authority of Singapore
133) Slowakei: National Bank of Slovakia
134) Slowenien: Bank of Slovenia
135) Spanien: Bank of Spain
136) Sri Lanka: Central Bank of Sri Lanka
137) Südafrika: South African Reserve Bank
138) Sudan: Bank of Sudan
139) Surinam: Central Bank of Suriname
140) Swasiland: The Central Bank of Swaziland
141) Tadschikistan: National Bank of Tajikistan
142) Tansania: Bank of Tanzania
143) Thailand: Bank of Thailand
144) Togo: Central Bank of West African States (BCEAO)
145) Tonga: National Reserve Bank of Tonga
146) Trinidad und Tobago: Central Bank of Trinidad and Tobago
147) Tschad: Bank of Central African States
148) Tschechische Republik: Czech National Bank
149) Tunesien: Central Bank of Tunisia
150) Türkei: Central Bank of the Republic of Turkey
151) Uganda: Bank of Uganda
152) Ukraine: National Bank of Ukraine

153)   Ungarn: Magyar Nemzeti Bank
154)   Uruguay: Central Bank of Uruguay
155)   Vanuatu: Reserve Bank of Vanuatu
156)   Venezuela: Central Bank of Venezuela
157)   Vereinigte Arabische Emirate: Central Bank of United Arab Emirates
158)   Vereinigte Staaten: Federal Reserve, Federal Reserve Bank of New York
159)   Vereinigtes Königreich: Bank of England
160)   Vietnam: The State Bank of Vietnam
161)   Weißrussland: National Bank of the Republic of Belarus
162)   Zentralafrikanische Republik: Bank of Central African States
163)   Zypern: Central Bank of Cyprus

Anhang zu Kapitel 11.3:
Aussichten und Lebenssinn durch Spiritualität und Gemeinwohlökonomie – Gemeinwohl-Ökonomie: Eine demokratische Alternative wächst

Stand: Januar 2016

Laut einer Umfrage der Bertelsmann-Stiftung vom Juli 2010 wünschen 88 Prozent der Deutschen und 90 Prozent der ÖsterreicherInnen eine *neue Wirtschaftsordnung*. Die Gemeinwohl-Ökonomie ist eine vollständige alternative Wirtschaftsordnung, die sich aus 20 Grundbausteinen zusammensetzt. Dabei handelt es sich jedoch nicht um Positionen oder inhaltliche Forderungen der internationalen Bewegung, sondern um Inspirationen und Diskussionsanstöße, die sich mit anderen Ideen und Alternativen befruchten und in demokratischen Prozessen von unten diskutiert und systemisch konsensiert werden sollen. Das könnten zunächst kommunale, später nationale oder EU-weite Wirtschaftskonvente sein, in denen die energiereichsten Vorschläge für die finale Abstimmung aufbereitet werden. Diese obliegt dem demokratischen Souverän. So könnte die erste demokratische Wirtschaftsordnung entstehen. Hier sind die – ständiger Diskussion und Weiterentwicklung unterworfenen – Eckpunkte:

1. Die Gemeinwohl-Ökonomie beruht auf denselben Verfassungs- und Grundwerten, die unsere Beziehungen gelingen lassen: Vertrauensbildung, Wertschätzung, Kooperation, Solidarität und Teilen. Nach aktuellen wissenschaftlichen Erkenntnissen sind gelingende Beziehungen das, was Menschen am stärksten motiviert und am glücklichsten macht.
2. Der rechtliche Anreizrahmen für die Wirtschaft wird umgepolt von Gewinnstreben und Konkurrenz auf Gemeinwohlstreben und Kooperation. Unternehmen werden für gegenseitige Hilfe und Zusammenarbeit belohnt. Kon(tra)kurrenz ist möglich, bringt aber Nachteile.
3. Wirtschaftlicher Erfolg wird nicht länger mit den Mitteln des Wirtschaftens gemessen (Geld, Kapital, Finanzgewinn), sondern an den Zielen (Bedürfnisbefriedigung, Lebensqualität, Gemeinwohl). Auf der Makroebene (Volkswirtschaft) wird das BIP als Erfolgsindikator vom Gemeinwohl-Produkt abgelöst, auf der Mesoebene (Unternehmen) der Finanzbilanz eine Gemeinwohl-Bilanz vorangestellt; auf der Mikroebene (Investition) werden alle Kreditansuchen einer Gemeinwohl-Prüfung unterzogen.
4. Die Gemeinwohl-Bilanz wird zur Hauptbilanz von Unternehmen. Je besser die Gemeinwohl-Bilanz-Ergebnisse der Unternehmen in einer Volkswirtschaft sind, desto größer ist das Gemeinwohl-Produkt. Unternehmen mit guten Gemeinwohl-Bilanzen erhalten rechtliche Vorteile: niedrigere Steuern, ge-

ringere Zölle, günstigere Kredite, Vorrang beim öffentlichen Einkauf und bei Forschungsprogrammen et cetera. Dadurch werden ethische, ökologische und regionale Produkte und Dienstleistungen billiger als unethische und ethische Unternehmen setzen sich auf dem Markt durch.

5. **Die Finanzbilanz wird zur Mittelsbilanz.** Finanzgewinn wird vom Zweck zum Mittel und dient dazu, den neuen Unternehmenszweck (Beitrag zum allgemeinen Wohl) zu erreichen. Bilanzielle Überschüsse dürfen verwendet werden für: reale Investitionen (mit sozialem und ökologischem Mehrwert), Rückzahlung von Krediten, Rücklagen in einem begrenzten Ausmaß; begrenzte Ausschüttungen an die MitarbeiterInnen sowie für zinsfreie Kredite an Mitunternehmen. Nicht verwendet werden dürfen Überschüsse für: Investitionen auf den Finanzmärkten (diese soll es gar nicht mehr geben), feindliche Aufkäufe anderer Unternehmen, Ausschüttung an Personen, die nicht im Unternehmen mitarbeiten sowie Parteispenden. Im Gegenzug entfällt die Steuer auf Unternehmensgewinne.

6. Da Gewinn nur noch Mittel, aber kein Ziel mehr ist, können Unternehmen die aus ihrer Sicht optimale Größe anstreben. Sie müssen nicht mehr Angst haben, gefressen zu werden und nicht mehr wachsen, um größer, stärker oder profitabler zu sein als andere. Alle Unternehmen sind vom allgemeinen Wachstums und wechselseitigen Fresszwang erlöst.

7. Durch die Möglichkeit, entspannt und angstfrei die optimale Größe einzunehmen, wird es viele kleine Unternehmen in allen Branchen geben. Da sie nicht mehr wachsen wollen, fällt ihnen die Kooperation und Solidarität mit anderen Unternehmen leichter. Sie können ihnen mit Wissen, Know-how, Aufträgen, Arbeitskräften oder zinsfreien Krediten helfen. Dafür werden sie mit einem guten Gemeinwohl-Bilanz Ergebnis belohnt –

nicht auf Kosten anderer Unternehmen, sondern zu deren Nutzen. Die Unternehmen bilden zunehmend eine solidarische Lerngemeinschaft, die Wirtschaft wird zu einer Win-win-Anordnung.

8. Die Einkommens- und Vermögensungleichheiten werden in demokratischer Diskussion und Entscheidung begrenzt: die Maximal-Einkommen auf z. B. das Zehnfache des gesetzlichen Mindestlohns; Privatvermögen auf z. B. zehn, zwanzig oder dreißig Millionen Euro; das Schenkungs- und Erbrecht auf z. B. 500 000 Euro pro Person; bei Familienunternehmen auf z. B. zehn Millionen Euro pro Kind. Das darüber hinaus gehende Erbvermögen wird über einen Generationenfonds als *Demokratische Mitgift* oder *negative Erbschaftssteuer* an alle Mitglieder der Folgegeneration verteilt: gleiches *Startkapital* bedeutet höhere Chancengleichheit. Die genauen Grenzen sollen von einem Wirtschaftskonvent demokratisch ermittelt werden.

9. Bei Großunternehmen gehen ab einer bestimmten Größe (z. B. 250 Beschäftigte.) Stimmrechte und Eigentum teil- und schrittweise an die Beschäftigten und die Allgemeinheit über. Die Öffentlichkeit könnte durch direkt gewählte *regionale Wirtschaftsparlamente* vertreten werden. Die Regierung soll keinen Zugriff/kein Stimmrecht in öffentlichen Unternehmen haben.

10. Das gilt auch für die Demokratischen Allmenden, die dritte Eigentumskategorie neben einer Mehrheit (kleiner) Privatunternehmen und gemischt-besessenen Großunternehmen. Demokratische Allmenden (eine Form von *Commons*) sind Gemeinwirtschaftsbetriebe im Bildungs-, Gesundheits-, Sozial-, Mobilitäts-, Energie- und Kommunikationsbereich: die *Daseinsvorsorge*.

11. Eine wichtige Demokratische Allmende ist die Demokratische Bank. Sie dient wie alle Unternehmen dem Gemeinwohl und

wird wie alle Demokratischen Allmenden vom demokratischen Souverän kontrolliert und nicht von der Regierung. Ihre Kernleistungen sind sichere Vollgeld-Konten, Zahlungsverkehr, ethische Sparanlagen und Kredite sowie die Beteiligung an regionalen Gemeinwohl-Börsen. Der Staat finanziert seine Schulden primär über zinsfreie Zentralbankkredite. Die Zentralbank erhält das Geldschöpfungsmonopol (*souveränes Geld*) und wickelt den grenzüberschreitenden Kapitalverkehr ab, um Steuerflucht zu unterbinden. Die Finanzmärkte in der heutigen Form wird es nicht mehr geben.

12. Nach dem Vorschlag von John Maynard Keynes wird eine globale Währungskooperation errichtet mit einer globalen Verrechnungseinheit (*Globo*, *Terra*) für den internationalen Wirtschaftsaustausch. Auf lokaler Ebene können Regiogelder die Nationalwährung ergänzen. Um sich vor unfairem Handel zu schützen, initiiert die EU eine Fair-Handelszone (*Gemeinwohl-Zone*), in der gleiche Standards gelten oder die Zollhöhe sich an der Gemeinwohl-Bilanz des Hersteller-Unternehmens orientiert. Langfristziel ist eine globale Gemeinwohl-Zone als UN-Abkommen.

13. Der Natur wird ein Eigenwert zuerkannt, weshalb sie nicht zu Privateigentum werden kann.

    Wer ein Stück Land für den Zweck des Wohnens, der Produktion oder der Land- und Forstwirtschaft benötigt, kann eine begrenzte Fläche kostenlos oder gegen eine Nutzungsgebühr nutzen. Die Überlassung ist an ökologische Auflagen und an die konkrete Nutzung geknüpft. Damit sind Landgrabbing, Großgrundbesitz und Immobilienspekulation zu Ende. Im Gegenzug entfällt die Grundvermögenssteuer.

14. Wirtschaftswachstum ist kein Ziel mehr, hingegen die Reduktion des ökologischen Verbrauchs /Fußabdrucks von Personen,

Unternehmen und Staaten auf ein global nachhaltiges Niveau. Zu den politischen, sozialen, kulturellen und wirtschaftlichen gesellen sich ökologische Menschenrechte:
Das jährliche Geschenk des Planeten Erde an Bioressourcen wird auf alle Menschen aufgeteilt und als ökologisches Nutzungsrecht verteilt jährlich auf das Öko-Konto aufgeladen. Diese Rechte sind gleichzeitig Schutzrechte des Planeten. Gleiche ökologische Rechte für alle – ein liberaler und nachhaltiger Ansatz.

15. Die Regel-Erwerbsarbeitszeit wird schrittweise auf ein mehrheitlich gewünschtes Maß von z. B. 20 bis 30 Wochenstunden reduziert. Dadurch wird Zeit frei für drei andere zentrale Arbeitsbereiche: Fürsorgearbeit (Kinder, Kranke, SeniorInnen), Eigenarbeit (Persönlichkeitsentwicklung, Kunst, Garten, Muße) sowie politische und Gemeinwesenarbeit. Infolge dieser ausgewogeneren Zeiteinteilung würde der Lebensstil konsumärmer, suffizienter und nachhaltiger.

16. Jedes zehnte Berufsjahr ist ein Freijahr und wird durch ein bedingungsloses Grundeinkommen finanziert. Menschen können im Freijahr tun, was sie wollen. Diese Maßnahme entlastet den Arbeitsmarkt um zehn Prozent – die langfristig durchschnittliche Arbeitslosigkeit in der EU.

17. Die repräsentative Demokratie wird ergänzt um Elemente direkter und partizipativer Demokratie und weiterentwickelt zu souveräner Demokratie (lat. superanus = *über allem stehend*). Der Souverän erhält *Souveränsrechte* wie z. B.: die Verfassung schreiben und ändern; eine konkrete Regierung wählen, abwählen und korrigieren; selbst Gesetze initiieren und beschließen, Grundversorgungsbereiche – Geld, Energie, Wasser – selbst kontrollieren; internationale Verträge in Auftrag geben und abstimmen.

18. Alle zwanzig Bausteine der Gemeinwohl-Ökonomie sollen in einem breiten Basisprozess durch intensive Diskussion ausreifen, bevor sie in einen direkt gewählten Wirtschaftskonvent eingespeist und mit anderen Alternativen diskutiert werden. Der Konvent bereitet die Alternativen für die finale Entscheidung auf. Die finalen Varianten werden vom demokratischen Souverän systemisch konsensiert. Die angenommenen Vorschläge gehen als Wirtschaftsteil in die Verfassung ein. Die Verfassung kann – jederzeit – vom Souverän geändert werden. Zur Vertiefung der Demokratie können weitere Konvente einberufen werden: Bildungs-, Medien-, Daseinsvorsorge-, Demokratiekonvent …

19. Um die Werte der Gemeinwohl-Ökonomie von Kind an vertraut zu machen und zu praktizieren, muss auch das Bildungswesen gemeinwohlorientiert aufgebaut werden. Das verlangt eine andere Form von Schule mit anderen Inhalten, z. B. Gefühlskunde, Wertekunde, Kommunikationskunde, Demokratiekunde, Naturerfahrenskunde, Körpersensibilisierung und Kunsthandwerk.

20. Da in der Gemeinwohl-Ökonomie unternehmerischer Erfolg eine ganz andere Bedeutung haben wird als heute, werden auch andere Führungsqualitäten gefragt sein: Nicht mehr die rücksichtslosesten, egoistischsten und *zahlenrationalsten* Manager werden gesucht, sondern Menschen, die sozial verantwortlich und -kompetent handeln, mitfühlend und empathisch sind, Mitbestimmung als Chance und Gewinn sehen und nachhaltig langfristig denken. Sie werden die neuen Vorbilder sein. Die Gemeinwohl-Ökonomie ist weder das beste aller Wirtschaftsmodelle noch das Ende der Geschichte, nur ein nächster möglicher Schritt in die Zukunft. Sie ist ein partizipativer und entwicklungsoffener Prozess und sucht Synergien mit ähnlichen Ansät-

zen. Durch das gemeinsame Engagement zahlreicher mutiger und mitverantwortlicher Menschen kann etwas grundlegend Neues geschaffen werden. Die Umsetzung erfordert intrinsische Motivation und Eigenverantwortung, rechtliche Anreize, einen ordnungspolitischen Rahmen sowie Souveränsbewusstsein. Alle Menschen, Unternehmen, Gemeinden, Organisationen und Institutionen können sich an der Weiterentwicklung der Wirtschaftsordnung in diese Richtung beteiligen und sind herzlich dazu eingeladen!

Engagiert Euch für konkrete Alternativen! Engagiert Euch für die Gemeinwohl-Ökonomie!

Stephane Hessel